나는 대부도가 좋다

장동익 에세이집

SUN

책을 내면서

보람 있는 인생을 위하여

　나는 원래 글재주가 없다. 글재주가 부족하다는 생각은 학창 시절부터 따라다녔다. 학교 다닐 때 시험을 치면 국어 점수가 제일 나빴다. 대학 입시에서도 국어 성적이 가장 낮았다. 그러나 글재주가 전문 서적을 집필하는 데 큰 장애요인이 되지는 않았다. 2017년 5월에 첫 책을 출간한 후 이제까지 13권의 전문 서적을 출간했지만, 수필집 같은 문학 서적을 출간한 적은 없었다. 간혹 유명 작가나 친지의 수필을 읽고 나면 나도 쓸 수 있으면 좋겠다는 바람은 있었다. 그러나 '글재주가 워낙 없는 내가?'라는 의구심과 함께 글쓰기는 내게 너무 어려운 작업이라는 생각이 들곤 했다.
　기업의 스마트워킹에 관한 첫 책을 낸 지 2개월 후에 《핸드폰 하나로 책과 글쓰기 도전》이라는 책자를 출간하면서 '핸드폰 하나로 책글쓰기'라는 주제의 세미나를 시작했다. 시작할 때는 '젊은이들이 곧 따라잡아 매월 시행하는 세미나를 5~6번이나 지속할 수 있을까?'라는 의구심을 가졌지만, 세미나는 최근까지도 지속되고 있다. 이제까지 여러 형태의 세미나나 코칭을 통해 4,000여 명에게 강의했다.
　첫 책을 시작하여 11권을 공저한 디지털책쓰기코칭협회 가재산 회장이 2022년 하반기에 들어서면서 글쓰기를 원하는 사람들을 제대로 코칭하기 위해서는 스마트워킹 기법뿐 아니라 글쓰기에도 전문가가 되어야 한다고 압력을 넣기 시작했다. 그해 11월. 그와 오랜만에 점심을 함께하게 되었다. 점심 후에 함께 방문해야 할 곳이 있다고 하여 따라나섰다. 《한국산문》 종로반의 김창식 교수가 매주 목요일 오후 2시간 동안 산문쓰기를 가르치는 교실이었다.

 그날 강의를 듣고는 마음속 한구석에 자리 잡고 있던 호기심이 발동되어 바로 수강 신청을 하고 열심히 공부했다. 그 후 관련 책자 및 수필도 제법 많이 읽었다. 왕초보인 내가 직접 쓴 20여 편의 글도 동료 수강생들과 함께 김창식 교수가 합평해 주었다. 2021년에 책과글쓰기대학 주관으로 펴낸 공동문집 1권과 한국디지털문인협회2022년 창립에서 펴낸 공동문집 4권에 글을 싣기도 했다. 실력이 느는 것 같지 않아 의기소침할 때마다 김 교수는 글이 점점 좋아지고 있다고 힘을 실어주었다. 김 교수와 동료들의 지원으로 지난 11월 수필로 등단하게 되었다. 그간 지원을 아끼지 않은 김 교수와 가 회장, 동료 문우들에게 진심으로 감사드린다.

 2023년 하반기가 되자 가 회장이 첫 수필집을 출간해야만 글의 수준을 높일 수 있다고 조언했다. 왕초보라 엄두도 내기 힘든 조언이었다. 그러나 또다시 도전하기로 했다. 처음에는 글쓰는 것이 너무나 힘들었다. '현재의 실력으로 책을 낸다면 독자들에게 웃음거리가 되지는 않을까?'라는 의구심도 머릿속에 가득했다. 그러나 나만의 이야기를 표현하는 즐거움으로 글 쓰는 순간만큼은 행복했다.

　우리의 삶은 자신이 멘토라고 생각하는 사람들을 닮아간다. 멘토는 신뢰할 만한 풍부한 경험과 지혜를 겸비하여 타인을 지도하고 상담하거나 후원해 주는 사람을 말한다. 멘토의 삶을 닮아가기 위해서는 나의 부족한 부분이 무엇인지를 명확히 깨닫고, 성장하기 위해 과감히 변화해야 한다. 그 길은 자신이 겪어보지 못했던 새로운 길이므로 닮아가는 삶이란 끝없는 모험이다. 새로운 도전을 통해 실패와 성공, 아픔과 기쁨을 거치면서 자신만의 독특한 인생을 만들어가게 된다.

　성경에 "환난은 삶에 주어지는 목적이 아니라 반드시 그것이 가져다주는 축복이 뒤따르게 되어 있다"라는 말이 있다. 우리의 삶에는 어떤 종류든 정도의 차이는 있으나 역경과 시련이 닥쳐온다. 그 역경과 시련을 회복탄력성을 가지고 이겨낸다면 바로 축복으로 이어질 것이다. 회복탄력성이란 사전적 의미로 "크고 작은 다양한 역경과 시련과 실패에 대한 인식을 도약의 발판으로 삼아 더 높이 뛰어 오르는 마음의 근력"이다.

　내 인생을 곰곰히 되돌아보면 어릴 때부터 남들보다 많은 혜택을 입고 살았다. 그럼에도 많은 역경과 시련이 다가왔으며, 그때마다 하나님과 은인이나 멘토, 사랑하는 가족의 도움이 있었다. 그들을 닮아가는 삶으로 회복탄력성을 키우며 이겨낼 수 있었다. 부족한 점이 많고 글재주 또한 아직 초보 수준이지만, 이제까지 지켜준 하나님과 사람들에게 감사하는 마음으로 이 책을 세상에 내기로 마음 먹었다.

  잘 산 인생은 성공이 아니라 내일 죽어도 여한이 없는 삶이라고 한다. 자신의 이익 추구를 앞세우지 않고 어려움을 겪는 다른 사람들을 세심하게 배려하고 나눌 줄 아는 사람은 분명히 누군가의 기억 속에 잊히지 않는 은인으로 남게 될 것이다. 다른 사람들의 모범이 되고 후원할 수 있을 때 멘토로서의 역할을 감당할 수 있을 것이다. 앞으로 남아 있는 삶 동안 주변 사람들에게 도움을 줌으로써 보람 있는 인생이 될 수 있도록 최선을 다해보고자 한다.

2024년 초봄에
장동익

목차

책을 내면서 2

제1장 동행

위로와 베풂의 변장된 축복 11 | 내 삶의 은인 16 | 나의 멘토 외삼촌 20 | 회장님, 우리 회장님 24 | 잊을 수 없는 선생님 29 | 싱가포르인 의동생 33 | 금란지계 37 | 내 친구 세계챔피언 41 | 그립다, 이민화 교수 45 | 닮아가는 삶과 도전 49

제2장 희망

기술인력의 희망, 이현순 박사 55 | 선한 마음과 개혁의 여정 58 | 급성장의 길, 경계 넘는 인생 63 | 최초의 프로야구단 68 | 포드자동차에 부품 첫 수출 72 | 대중국 사업 문호 최초 개방 77 | 해외신주인수권부 사채 최초 발행 81 | 한국인은 미쳤다 85 | 진정한 의미의 선진국이란 90

제3장 여행

자유여행이 주는 행복 97 | 생애 첫 해외여행 101 | 요세미티 흑곰의 반란 105 | 미국 내 두 나라 살림 109 | 미국 서부대서사 113 | 안토니 가우디와 함께 117 | 폐소공포증 친구의 자신감 121 | 환갑여행을 위한 철저한 사전 계획 125 | 가장 기억에 남는 여행 130 | 내 인생 최고의 여행 134 | 스마트폰 하나로 떠나는 해외여행 138

제4장 가족

요리사 군인 아버지 143 | 무너짐이 주는 자유 147 | 역시 우리 어머니 151 | 인연과 우연 그리고 결혼 156 | 장모의 사위질빵 사랑 161 | 아내의 영성靈性 165 | 정원庭園, 사랑의 호심湖心 168 | 화려한 크리스마스 장식 172 | 위로와 용기의 힘 175 | 심장질환이 준 축복 180 | 사랑하는 두 며느리 185

제5장 나눔

나눔의 화신, 김인권 병원장 193 | 나는 대부도가 좋다 197 | 마조금길의 바비큐 202 | 니 구구단도 못 외우나? 206 | 영어를 어떻게 배우지? 210 | 모험, 배움, 봉사의 아름다움 215 | 미얀마의 빛과 희망 220 | 인연의 아름다움 223 | 감사 나눔 227

부록

인공지능의 3대 기술 232
스마트폰 하나로 책과 글쓰기 236
스마트폰 하나로 스마트워킹 241
챗봇 활용하여 책과 글쓰기 246
왕초보 첫 공저 251

제1장

동행

위로와 베풂의 변장된 축복

1993년 11월 말 L사라는 IT 회사를 설립했다. 22년간 혼신의 힘을 다하여 운영했지만 2015년 중반에 큰 손실을 감수하고 3개 사업부 모두를 각기 다른 3개의 회사에 넘겨줄 수밖에 없었다. 동 부문 국내 최대로 성장한 2개 사업부와는 달리 2003년 시작한 클라우드 기법의 세계 최고 솔루션을 취급하는 사업부는 오랜 기간 심각한 어려움을 겪었다.

우리나라는 모든 공공기관, 공기업 및 학교 등지에서 클라우드 기법을 원활하게 활용하는 길이 법적으로 막혀 있었다. 2015년 9월 28일이 되어서야 처음으로 클라우드의 전반적인 기술을 합법적으로 활용할 수 있는 법적 근거가 마련되었다.

조금만 더 노력하면 될 것이라는 확신 속에 클라우드 사업을 위한 시장 개척에 혼신의 노력을 기울였지만 성과는 매우 저조했다. 결국 회사 전체에 심각한 악영향을 끼쳤다. 임직원들과 함께한 22년간의 끈질긴 노력이 수포로 돌아가는 상황을 맞이하게 된 것이다. 겉으로는 태연한 척했지만 당시의 절망감, 좌절감, 상실감은 말로 표현하기 힘들었다. 심적으로 엄청난 충격에 휩싸일 수밖에 없었다.

그 상황에서 나에게 힘을 준 사람들이 여럿 있지만, 그중에서도 가장 큰 힘이 되어 준 세 사람이 있다. 그중 하나가 2008년에 처음 만나 인사업무 관련 연구회에서 그리고 P협동조합의 초대 이사장을 맡아 함께 활동한 K 대표다. 2015년 하반기에 회사의 형편을 알게 된 K 대표가 해준 위로의 말을 잊을 수가 없다.

"회사를 정리하는 바람에 그동안 국내에서 거의 유일하다시피 한 장 선배의 기술을 묵혀둔다는 것은 말이 안 되지요. 이사회의 승인을 얻어 P협동조합 상임고문의 명함을 만들어드릴 테니 본격적인 활동을 해주시기 바랍니다. 장 선배는 해내실 것입니다. 클라우드 기술에 대한 전문 서적도 빨리 내세요."

긴 시간 대화를 나누어 내 전공 분야에 대해 잘 알고 있었기에 가능한 제안이었다. 두 아들은 자신들의 삶을 영위하기에도 힘들었을 텐데 자기들끼리 협의하여 우리 부부를 위해 매월 제법 큰 금액의 생활비를 지원해 주기 시작했다.

이미 60대 중반이 되어 전 재산을 잃고 말로 표현하기 힘든 엄청난 상실감에 빠져있던 내게 새로 주어진 명함과 일, 그리고 두 아들의 통큰 희생은 새로운 삶을 위한 힘과 용기를 불어넣어 주었다. 뼈아픈 환난의 기억을 잊고 새로운 도전을 위해 모든 역량을 집중할 수 있게 되었다.

2016년 1월에 대부도에 있는 장모댁으로 이사를 해서 1주일에 2~3일만 사무실에 출근했고, 나머지 2~3일은 집에서 일했다. 대부도 집에서 양재동 사무실까지 가려면 집에서 30분 정도 걸어서

버스 정류장으로, 버스를 50분 타고 안산역으로, 1시간 20분 정도 지하철을 타고 양재역에 내려 다시 10여 분 걸어야 사무실에 도착했다. 기다리는 시간을 포함하면 최소한 왕복 6시간가량을 이동하는 데 사용했다. 그 6시간 이상의 이동 시간이 바로 스마트워킹을 실행하는 시간이었다. L사에서 2010년부터 시행해 왔던 스마트폰을 활용한 스마트워킹 기법을 깊이 있게 연구하면서 숙달하게 된 것이다.

2016년 하반기부터는 K 대표의 조언대로 틈틈이 《스마트 업무 혁신과 성과관리》라는 생애 첫 책자를 출간하기 위한 자료 준비를 시작했다. 그해 말 전반적인 자료 준비가 되었다고 판단하고 출판사를 찾았지만, 왕초보였던 내게 선뜻 나서는 출판사가 없었다. 당시 20권가량의 책을 출간했던 K 대표가 공저자로 나서줄 것을 흔쾌히 승낙했다. K 대표에게 최종 원고 교정 작업을 부탁했다. 스마트폰의 새로운 기능으로 듣는 동시에 스마트폰 화면을 큰 TV 화면에 미러링하여 큰 글씨로 읽으며 교정 보는 법을 알려주었다.

어느 날 K 대표가 전화했다.

"오늘 원고 교정 작업을 했는데 놀랍게도 하루만에 마쳤습니다. 그런데 선배는 어떻게 왕초보가 원고에 오자, 탈자가 거의 없지요?"

스마트폰 하나로 스마트워킹에 대한 놀라운 기능을 자신이 직접 체험하게 된 것이다.

2017년 5월에 첫 책자가 출간되었다. 그러나 당시만 해도 한국 기업들은 클라우드 저장 공간의 활용도와 이해도가 너무 낮아 기대와는 달리 책 판매부수가 적었다. 첫 책자가 출간된 후 당시 시니어들을 위한 책글쓰기대학의 회장을 맡고 있던 K 대표가 "업무를 위한 스마트워킹은 아직 시기상조인 것 같으니《핸드폰 하나로 책과 글쓰기 도전》이라는 책을 출간합시다"라고 제안했다. 5월 말에 두 사람이 함께 시작한 원고 작업은 두 달도 채 되지 않은 그해 7월에 책으로 출판되었다. 아마도 최단기간 출판 기록이 아닌가 싶다.

책이 출간된 후 5월 말부터 '스마트폰 하나로 스마트워킹'과 '핸드폰 하나로 책과 글쓰기'라는 2가지 주제로 세미나를 시작했다. 당시만 해도 K 대표와 나는 '젊은이들이 같은 아이디어와 기법을 곧바로 습득하여 우리가 시행하는 세미나는 5~6회 정도나 지속할 수 있을까'라는 생각을 가지고 있었다. 그러나 코로나19가 시작한 이후부터 대면 세미나나 강의가 크게 줄었는데도 지금까지 50회차 이상의 세미나를 진행했다. 직접 특강, 세미나 및 전문가 과정을 통해 가르친 사람이 대학생부터 시니어들까지 4천 명이 넘는다. 왕초보들이 짧은 기간 내에 책자를 출판하게 된 사례들도 무수히 많았다.

2017년 중반부터는 두 아들로부터 지원받던 생활비도 받지 않겠다고 선언했다. 2015년 회사를 정리하던 당시 비통했던 심정으로는 상상하기 힘든 일들이 벌어지고 있는 것이다.

성경에서 환난은 그 자체가 삶에 주어지는 목적이 아니라 반드시 축복이 뒤따르게 되어 있다고 말한다. "하나님이 주는 축복은 때로는 고난이라는 포장 속에 겉으로 드러나지 않은 채 우리를 찾아온다"고 한다. 신학자 C. S. 루이스는 환난을 가리켜 '변장된 축복'이라고 했다. 나는 이 '변장된 축복'을 경험한 것이다. 클라우드 사업의 실패가 지금 내 삶의 기반이 되었다. K 대표의 마음에서 우러나온 위로의 말과 지금까지 지속되어 온 그의 독특한 베풂의 삶, 그리고 사랑하는 두 아들 부부의 통 큰 희생과 위로가 '변장된 축복'의 원동력이었다. 아울러 누구보다도 상실감에 빠져있었을 텐데도 지속적인 응원을 해준 아내에게 무한한 감사의 마음을 전하고 싶다.

내 삶의 은인

살아가면서 수많은 사람과 새롭게 만나고 이별을 한다. 무수한 만남에서 자신을 인정해 주는 누군가의 말 한마디가 인생을 바꾸기도 한다. 인생의 커다란 난관에 봉착하여 심한 절망과 비탄에 빠져있을 때 부축하여 일으켜 세우려는 사람은 평생의 은인으로 기억하고 잊지 못한다.

패기가 넘쳐나던 젊은 시절, 절망의 깊은 늪에 빠져있었을 때 내게 자존감과 자신감을 찾아 완전히 새로운 삶을 개척할 수 있도록 도와주신 분이 있다.

1979년 1월에 S사의 로스앤젤레스 지사에서 이주하여 뉴욕 현지법인을 맡게 되었다. 당시로서는 한창 수출액수가 증가하던 스테인리스 양식기를 판매하는 대리점을 주로 관리하는 1인 법인이었다.

경기가 좋았던 1978년에 뉴욕 현지법인과 계약을 맺고 사업을 시작한 그 대리점의 대표는 고등학교 6년 선배였다. 부임 당시 전임자로부터 인계받은 그 대리점에 대한 DA수출 외상거래 금액이 제법 컸다. 1979년은 2차 오일쇼크로 인해 세계 경제가 급격한 하강 곡선을 그리던 때여서 매출액을 늘리기가 여간 힘들지 않았다. 최선을 다했지만 업무를 인수받고 나서도 외상매출금액은 계속 조금씩 증가했다. 급기야 그해 하반기에 뉴욕 현지법인에 대한 본사의 조사가 있었다. 연말에 대리점 사업에 관한 업무를 새롭게 맡게 될 직원이 추가로 파견되었다. 나에게는 완전히 손을 떼고 다른 업무만 맡으라는 지시도 떨어졌다. 선배인 대리점 대표도 일절 만나지 말라는 지시였다. 그 업무에 대해 가장 잘 파악하고 있었던 내가 새 담당자에게 구체적인 인수인계를 할 필요도 없다는 것이었다. 문제를 해결해 보려고 밤낮 없이 고민하고 노력했던 나로서는 본사로부터의 모든 지시가 도저히 이해되지 않았다. 심각한 절망감에 빠졌다.

그때 대리점 대표의 소개로 뉴욕에서 몇 번 만나 뵌 적이 있었던, 고등학교 8~9년 선배인 분이 대리점 대표로부터 그 소식을 듣고 시카고에서 매주 목요일마다 비행기를 타고 뉴욕을 방문했다. 저녁에 도착하여 다음 날 새벽까지 나와 대화하고 곧바로 새벽 비행기로 시카고로 돌아가곤 했다.

대화의 요지는 "어디에서나 성공할 수 있으니 자신감을 되찾아라", "S사를 그만두어야 할 사정이 생겨도 회사 내 다른 임직원들의 핑계는 대지 마라", "새롭게 맡겨진 일에 전념하여 회사에 도움을 주는 것이 당시 네가 할 수 있는 최선의 방책이다"라는 것이었다.

기독교인이었던 그는 "하나님이 중요하게 사용하려는 사람에게는 그에 걸맞은 큰 고난도 함께 주신다"라는 말씀도 해주었다.

그런 만남을 한 달 정도 지속하다가 어느 날 이제 뉴욕에 와서 나를 만나기는 어려우니 자신감을 되찾아 열심히 일해 성공하라는 당부를 남기고 떠났다.

'빛의 사자' 기독교 용어로 '어둠 속에서 기쁜 소식을 전하는 사람'을 뜻함처럼 나타난 선배의 도움으로 자신감을 되찾았고, 조언해 준 대로 열심히 일했다. 그때부터 스테인리스 식기 외에 S그룹의 주력제품 및 서비스이지만 이전에 한 번도 경험하지 못했던 특수강 수출, 일반 상품 수입 업무 및 해운 업무를 열정을 가지고 수행했다. 1981년 말 본사로 복귀할 때까지 미국 현지인 2명을 추가 채용하는 등의 성과를 올리면서 무척이나 어려웠던 고난의 상황을 반전시킬 수 있었다.

1981년 중순에 로스앤젤레스 지사에서 근무하던 특수강 수출 업무 담당자가 나와 협업할 일이 있어 뉴욕으로 출장을 왔을 때 저녁을 함께하면서 전혀 알지 못했던 놀라운 이야기를 해주었다. 고등학교 선배였던 대리점 사장과 짜고 내가 매출 대금 일부를 사취하는 것 같다는 제보가 있어 당시 그와 같은 회사의 조치가 있었지만, 결국 그러한 누명이 완전히 벗겨졌다는 것이었다. 자신이 나와 같은 상황에 처했더라면 견디기 힘들었을 것이라는 이야기도 덧붙였다.

시카고 선배와 같은 삶의 은인이 없었다면 이겨내기 어려웠을 것이다. 자칫 실패의 나락으로 떨어질 수도 있었는데 선배의 도움으로 자신감을 되찾아 패기와 열정이 넘치는 새로운 사람으로 재탄생할 수 있었다. 한국에 돌아와서도 1993년 말 퇴직할 때까지

S그룹에서 승승장구했다. 보람차고 성공적이었다고 자부할 정도의 삶을 살 수 있었다.

무척이나 힘들어하던 내게 선배는 불인지심不忍之心: 남의 불행을 차마 눈뜨고 보지 못하는 마음을 보여줌으로써 "너는 나를 믿어도 돼"라는 확신을 가질 수 있도록 도와주었다. 깊은 절망감에 빠져있는 싱데빙에게 이런 확신을 갖도록 도와주는 일은 결코 쉬운 일이 아니다. 불인지심을 가지고 있다는 것과 실제 행동으로 옮긴다는 것은 완전히 다른 문제다.

내 인생을 역전시켜 준 선배에 대한 감사한 마음을 항상 가지고는 있었지만 다시 만나지 못했다. 1986년에 마침 시카고 인근 지역에 출장 갈 일이 있어 그 선배를 만나기 위해 다방면으로 소재를 파악했지만 찾을 수 없었다. 그제야 내가 얼마나 이기적인 사람이었는지 뼈아프게 느꼈다. 지금도 그 선배를 꼭 만나고 싶다. 그러나 뵙지 못한다 할지라도 그분을 위해 항상 기도하고, 내가 받았던 도움을 잊지 않고, 기회가 되는대로 다른 사람들과 나누려 한다.

잘 산 인생은 성공한 것이 아니라 내일 죽어도 여한이 없는 삶이라고 한다. 자신의 이익 추구를 앞세우기보다는 어려움을 겪고 있는 사람들을 세심하게 배려해 주는 사람은 분명히 누군가의 기억 속에 잊히지 않는 은인으로 남게 될 것이다. 절망의 나락에서 구해준 선배처럼 마음의 상처를 입고 절망감에 빠져있는 다른 사람들을 위해 시간을 바침으로써 새로운 인생을 개척할 수 있도록 힘을 주는 불인지심을 가지기 위해 오늘도 노력한다.

나의 멘토 외삼촌

멘토라는 단어는 현명하고 동시에 정신적으로나 내면적으로 신뢰할 수 있는 상대, 지도자, 스승님, 선생이라는 뜻이다. 전국경제인연합회의 역대 최장수 부회장을 지냈다가 2023년 2월에 저세상으로 떠나신 이건그룹의 고 박영주 회장이 외삼촌이다. 목재사업을 중심으로 국내 굴지의 중견기업군으로 성장시켰다. 내게는 대학 10년 선배이다.

고등학교에 입학해서는 그동안 꿈꿔 왔던 악기를 다루고 싶었다. 입학하자마자 밴드부에 합류하여 플루트를 배우기 시작했다. 너무 재미있었지만 문제가 생겼다. 학생인데도 불구하고 밴드부원들 대부분이 담배를 피웠다. 나아가 방과 후 연습이 끝나고 나면 당시 별도의 방이 있던 중국음식점에 들어가 교복을 입고도 자장면을 안주로 고량주를 마시는 것을 당연한 것으로 여겼다. 나도 예외는 아니었다. 자연스럽게 공부를 멀리하면서 성적은 나날이 떨어졌다. 나 자신도 나름 걱정되기는 했다.

고등학교 2학년 때 10월로 기억하는데 외삼촌이 결혼한다고 외숙모 될 분과 함께 우리 집으로 인사를 왔다. 어머니가 부탁했는지 외숙모 될 분이 부모님과 함께 대화를 나누는 동안 외삼촌이 내 방에 들어와 자신이 어떻게 학창 시절을 보람있게 보내고 또한 공부해서 대학에 입학했는지를 설명해 주었다. 외삼촌도 대단하게 노셨던 듯하다. 그러면서도 공부도 열심히 하셨단다.

물론 이전에도 외삼촌의 모든 행적이 내게는 모범이 되는 사람이라 존경하고 있던 차에 그날의 대화는 나를 변화시키기에 충분했다. 그날로 결심했다. 나도 할 수 있다. 그러나 막상 공부하려고 책상 앞에 앉으니 30분 내지 1시간도 버티기가 힘들었다. 한 달 이상을 노력하다가 도저히 실행에 옮길 수 없어 새로운 결심을 했다. 책상에 앉아 있는 시간을 늘리자. 공부는 물론 식사도, 쉬는 것도, 잠도 책상머리에서 자자. 어떻게 보면 바보같은 결심이었다.

그런데 그 결심을 지킬 수 있었다. 덕분에 고등학교 3학년 올라갈 때 성적이 하위권이었지만 결국 내 멘토 외삼촌의 10년 후배로 같은 대학에 입학하게 되었다. 그러나 하루종일 책상머리를 지키겠다는 바보같은 결심 때문에 30대 초반부터 허리가 심하게 아프기 시작했다. 허리 통증은 결국 무릎 관절 통증으로 연결되나 보다. 2023년 초에 결국 무릎 관절 수술을 했다.

외삼촌은 1963년에 대학을 졸업하고 광명목재에 합류하여 젊은 나이에 대표이사가 되었다. 이후 1972년에 설립한 이건산업은 컨테이너 바닥용 특수합판을 개발하면서 급성장하며 재계 13위의 목재 회사에서 명실공히 1위로 부상했다. '목재산업 수직계열화'를 시행하여 솔로몬 제도에서는 조림사업을, 칠레에서 합판 생산을 시작했다.

이건산업 등 이건의 계열사들이 성장을 이루어낸 가장 큰 이유는 아마도 노사분규가 한 번도 없었다는 점이 아닐까 싶다. 이건산업의 경우 한때 1,500명까지 이르렀던 현장 근로자가 지속적인 생산라인 자동화로 인하여 300여 명까지 줄었지만 구조조정을 한 것이 아니라 자연 감소한 때문이었다. 외삼촌의 남다른 기업가 정신의 결과로서 '기적에 가까운 일'이라고 평가할 만하다.

문화예술활동도 적극적으로 지원하여 2005년부터 7년간 비영리 사단법인 한국메세나협의회 제7대 회장을, 그리고 예술의전당 이사장도 역임했다. 2014년 한국메세나인상, 2015년 은관문화훈장, 2017년 유네스코가 제정한 올해의 인물로 선정되었다. 해외에서도 다양한 사회공헌활동을 하여 1998년과 2001년 각각 솔로몬군도 정부와 칠레 정부로부터 최고훈장을 받았다. 2015년에는 독일 몽블랑 문화재단이 수여하는 몽블랑 예술후원자상을 받았다.

젊어서부터 중견 목재회사의 최고경영진으로, 또한 회사를 창업하고 지금의 중견 그룹으로 성장시키기까지 얼마나 많은 어려움이 있었을까? 그중 가장 큰 위기 순간들에 대한 상세한 내용을 수차례에 걸쳐 직접 들은 적이 있다. 여러 상황에 이건의 중역들이나 직원들을 접할 기회가 많았다. 그들의 외삼촌에 대한 신뢰나 존경심을 피부로 느낄 수 있었다.

외삼촌은 내가 자주 뵙고 상담할 수 있는 사람이 아니었다. 그가 매년 정초에 모든 일가 친척을 호텔 식당으로 초대해서 외조부모 추도예배를 볼 때, 그리고 매년 10억 원 가량의 회사 비용으로 예술의전당 등 여러 음악당에서 세계적인 음악가나 체임버오케스트라를 초대하여 시행하는 음악회에서 등 1년에 네댓 번 뵙는 것이 전부였다. 내게 멘토라고 말한 적도 없지만, 그는 일상생활을 통해 몸소 보여줌으로써 멘토 역할을 해주었다.

《You were born rich》라는 책으로 유명인이 된 캐나다 작가 밥 프록터Bob Proctor, 1932~2022는 "멘토는 당신이 당신 자신에게서 보는 것보다 당신 안에 있는 더 많은 재능과 능력을 보고 그것을 당신에게서 끌어내도록 돕는 사람이다"라고 했다. 대학 입학 이후로도 내 삶에 수많은 고난과 어려움이 다가왔다. 외삼촌이 고난과 어려움을 이겨내며 터득했던 깊은 철학을 통해 보여준 모범적인 삶과 중요한 시점마다 "너는 해낼 수 있어. 자신감을 가지고 전진해 나가거라"라고 던져준 몇 마디는 숨어 있던 나의 재능과 능력을 끄집어내어 도전하고 이겨낼 수 있도록 도와주었다.

외삼촌의 생명력과 회복 능력은 나에게 언제나 희망을 주었다. 그의 이야기는 사라지지 않고 계속되며, 그의 흔적은 나의 삶에 영원히 남을 것이다. 그는 단순한 멘토가 아니었고, 내 삶의 인도자였다. 그 성품의 일부를 따라가기도 어렵지만, 할 수 있는 한 닮아가고자 노력하고 있다. 그를 친척의 한 분으로서뿐 아니라 훌륭한 기업인으로, 내 멘토로 존경하고 있다. 그런 외삼촌을 주신 하나님께 감사드린다.

외삼촌의 일부만큼이라도 좇아가 두 아들과 주변의 가까운 친지들에게 그와 같은 역할을 하며 선한 영향력을 끼칠 수 있도록 최선을 다하며 살겠다고 다짐한다.

회장님, 우리 회장님

　1979년 2차 오일쇼크로 인해 세계 경제가 휘청거리던 시기에 S그룹의 뉴욕 현지법인장을 맡게 되었다. 부임 1차년도의 주수입원은 고등학교 6년 선배가 운영하던 독점 대리점을 통한 사업이었다. 대리점의 외상거래금액이 점차 늘어나자 회사로부터 선배인 대리점 사장과 결탁하여 돈을 빼돌리고 있다는 누명을 쓰고 2년 가까이 심한 마음 고생을 한 적이 있었다. 그 2년간 뉴욕을 방문한 적이 없던 회장이 누명이 벗겨지자 1981년 6월 뉴욕 법인을 방문한다고 연락을 받았다.

　공항에서 회장을 픽업하여 호텔로 가는 도중 차 안에서 대뜸 "호텔에 도착하면 나를 내려주고 바로 회사로 가서 나와 함께 자네 가족 모두가 내일부터 2박 3일 동안 자메이카 여행을 다녀올 수 있도록 준비를 해주게"라는 뜬금없는 지시를 내렸다.

　회사로 돌아와 비행기 일정, 예약 여부 등을 알아보는데 자메이카는 그 당시 영국 연방국으로 한국인이 입국하려면 비자가 필요한 나라였다. 다음 날까지 비자를 받는 것은 불가능한 일이었다. 이런 사실을 보고했더니 못내 아쉬워하면서 그러면 내일 아침까지 대형 리무진을 기사와 함께 렌트해서 두 사람이 함께 애틀랜틱시티에 가서 하룻밤 즐기다 오자고 했다. 자신도 그런 리무진을 타고 싶다면서.

그다음 날 오전에 잠시 사무실에 들러 회사 상황을 간략하게 보고하고는 바로 애틀랜틱시티로 향했다. 그런데 급하게 출근하느라 그만 시계를 차지 않고 집을 떠났다. 회장이 그 사실을 알고는 최근 홍콩 공항에서 구입했다면서 차고 있던 일제 시티즌 시계를 풀어서 내게 주는 것이다. 호텔에 도착해서 식사 후 바로 게임장으로 가서는 5백 달러를 주면서 "이것으로 잘 지내게. 나는 나대로 별도로 즐길게. 저녁은 이 호텔에서 제일 좋은 식당으로 예약하게나"라고 말하는 것이다. 화려한 석식을 와인과 함께 나눈 후 일찍 잠자리에 들었다.

다음 날 회장은 뉴욕 사무실에서 업무 보고를 듣고 중요한 몇가지 업무 협의와 지시를 하고는 바로 떠났다. 공항으로 다시 모시면서 그동안의 사적인 계획을 말씀드렸다. 나는 대학생 때부터 소원이 박사학위를 획득하고 교수가 되는 것이었다. 뉴욕에 근무하면서 경기 하락으로 인해 판매활동에 엄청난 고생을 한 것은 물론, 누명으로 인해 상심이 커졌기 때문에 오히려 오기가 생겨서일까? 밤늦게 술에 취해 귀가했어도 유명 대학 석사MBA과정에 합격하기 위해 토플TOEFL과 에스에이티SAT 준비를 열심히 했다. 펜실베니아대학University of Pennsylvania의 와튼 스쿨Wharton School 등 여러 유명 대학에 지원서를 내고 합격통보를 기다리고 있던 참이었다.

"회장님, 제게 8월부터 2년 동안 휴직을 허락해 주세요. 제가 지금 와튼 스쿨에서 최종 합격통보서 Admission를 기다리고 있는데 합격될 것으로 알고 있습니다. 과정이 끝나는대로 다시 회사로 복귀하겠습니다. 대학생 때부터 꿈이었습니다"라고 하자 회장은 즉시 답변하는 것이다.

"안 돼. 지금 그렇지 않아도 사람이 부족한 판에. 자네가 오랜 시간 회사의 잘못으로 인해 크나큰 심적인 고통을 받았다는 것을 나도 알게 되었네. 너무나 미안하게 생각하네. 그렇지만 앞으로 그룹이 해야 할 일이 많으니 바로 귀국해서 도와주게나."

1개월 후쯤 와튼 스쿨에서 합격통보서를 받은 상황에서 본사로부터 귀국 명령이 떨어졌다. 심각하게 고민을 했지만 회장의 명을 따르기로 결심했다. 그런데 웬일인가? 귀국 명령과 함께 내게는 보너스 5천 달러가 주어졌다. 아내가 둘째 아들을 출산할 때 주별로 보험이 다름으로 인해 3천 달러 이상의 추가 비용을 부담하게 되었다는 사실과 뉴욕 현지법인의 우수한 영업실적에 대한 보너스였다. 그에 더해 귀국 전 1주일 동안 회사 비용으로 1년간 체류했었던 로스앤젤레스에 들러 두 아들에게 디즈니랜드도 보여주고, 하와이를 들러 귀국하라는 특혜 또한 주어졌다.

귀국해서 자동차 부품 수출부서장, 사업개발부서장을 거쳐 회장 비서실장과 그룹 기획조정실 담당 상무이사로 진급할 때까지 회장을 보좌하며 열심히, 그리고 성실하게 일했다. 그러던 중 그룹사가 갑작스러운 무리한 확장으로 인해 자금 압박이 있던 차 회장 동생의 불법 사실이 하필이면 쉬는 날 모든 신문지상에 발표되면서 기사의 여파를 중지 또는 약화시킬 겨를도 없이 확산되었다. 수년 후 그룹사는 붕괴되고 말았다.

그 이후 회장은 가족과 함께 캐나다로, 얼마 후 다시 미국으로, 이어 도미니카공화국으로 이주했는데, 역시 사업가는 다른가 보다. 미국에 체류 중 개인적으로 주식투자를 하면서 다시 큰 자산가로 성장했다. 그런데 갑자기 대장암 3기로 오래 살 수 없을 것이라는 진단을 받았다. 한국에서도 부인을 따라 교회를 다니기는 했지만 열정적인 신도는 아니었는데 암의 재발로 인해 2번에 걸친 대수술을 거치면서 회장은 "하나님, 살려주신다면 남은 인생 주님을 위해 바치겠습니다"라고 서약했다고 한다.

하나님께서 그를 크게 쓰시려 했나 보다. 그는 병에서 회복하고 서약한 대로 전 재산을 투여하여 '그레이스 월드미션 Grace World Mission'이라는 재단을 만들었다. 2004년에 도미니카공화국의 수도에 넓은 땅을 매입하고 대형 선교센터를 지었다. 그 후 인근 아이티의 포르토프랭스에도 선교센터를 지어 운영하고 있다. 미국 하와이 출신의 일본계 재태크 전문가이면서 저술가인 로버트 기요사키는 "진정으로 부유한 사람은 주는 사람, 나누는 사람이다"라고 말했다. 부와 풍족함을 가지려면 주는 마음과 나눔의 정신이 필요하다는 것을 강조한다.

그는 삼미그룹의 김현철 회장이다. 그의 희생 정신과 선교의 길은 우리에게 큰 영감을 준다. 그는 미지의 여정에 용기를 내어 나서고, 그 여정에서 다시 태어나며 이 세상을 더 나은 곳으로 만들어가고 있다. 김 회장과의 여정은 나에게 큰 가르침을 남겼다. 앞으로도 중미 지역 전체에 기독교 선교의 바람이 크게 일어 주님이 원하시는 영광을 돌릴 수 있게 되기를 간절히 기도한다.
 "회장님, 우리 회장님, 존경합니다."

잊을 수 없는 선생님

대학교 3학년 말 취업 준비와 부족했던 공부를 보충하기 위해 많게는 네 팀까지 가르쳤던 고등학생 과외를 중단했다. 가장 먼저 하고 싶었던 일이 고등학교 3학년 때 담임선생님을 찾아뵙는 일이었다. 영어 선생님이었는데 8개 반 담임 중 가장 자상하고 학생들에게 항상 웃는 낯으로 공부하는 법을 가르쳐주시며 우리 반 모두에게 친밀감을 듬뿍 주던 분이었다.

"공부란 억지로 해서 되는 게 아니야. 재미가 들릴 때까지 꾸준히 노력해야 해. 실력이 좀 늘면 더욱 자신감이 생기고 재미가 시작되는 거야."

우리 반 52명 학생 중 담배를 피우는 친구가 10명 남짓 되었다. 학교는 옛 경희궁터에 있었는데 지금은 서초동으로 옮겼고, 그 자리는 경희궁으로 복원되었다. 교실만 조금 벗어나면 나무숲이 많았다. 교실 뒤편에는 제법 큰 창고가 있었고, 그 뒤에는 지그마한 동산으로 나무숲이 울창했다. 창고 뒤편은 학생들이 숨어서 담배 피우기에 안성맞춤이었다.

담배 피우는 친구들은 함께 하루 3번가량 그곳으로 가서 담배를 피웠다. 어느 날 갑자기 "이놈들, 모두 거기 꼼짝 말고 서 있어"라는 큰 목소리가 들렸다. 선생님에게 들킨 것이었다. 평상시에 눈여겨보다가 하루를 택해서 습격했으리라. 모두 '걸음아 날 살려라'로 달려서 교실로 돌아왔다. 나이 많은 선생님이 따라올 수가 없지. 그런데 웬걸? 다음 교시가 시작되자마자 우리를 적발한 선생님이 교실에 들어오셨다.

"이 슬리퍼 한 짝 누구 거야?"

결국 키가 반에서 두 번째로 작았던 2번 학생이 도망치다가 떨어뜨린 슬리퍼의 다른 한 짝을 찾은 선생님이 그를 데리고 나갔다.

수업 시간이 끝날 무렵 그 선생님이 다시 교실로 들어와 담배 피운 친구들 이름을 부르고는 모두 교무실로 끌고 갔다. 2번 학생이 고심 끝에 분 것이다. 교무실 한구석에 모두 꿇어앉히고는 다음 주 월요일 오전 10시까지 학부모 한 분을 교무실로 모셔 오라는 것이었다. 선생님 별명이 돈봉투 선생님이었다. 그때 수업이 없어 교무실에 계시던 담임선생님이 갑자기 그 선생 앞에 달려가 무릎 꿇고 앉더니 간청하셨다.

"선생님, 이제 대학입학 시험이 한 달도 남지 않았으니 얘들 용서해 주세요."

돈봉투 선생님이 일어나시라고 극구 만류했지만 소용없었다. 우리 친구들 모두 눈시울이 붉어졌다. 한 2~3분쯤 지났을까? 적발한 선생님이 "알겠습니다. 그러나 학생들이 담배 피운 것에 대한 벌칙은 받아야 합니다"라고 하더니 당시 바리깡머리 깎는 도구을 들고 와서 머리 한가운데를 앞에서부터 뒤에까지 고속도로를 내

는 것이었다. 다음 교시 중간 쯤 해방되어 반으로 돌아가니 수업
하시던 선생님이 버럭 소리를 지르셨다.

"야 이놈들, 너희들 머리만 고속도로가 난 것이 아니라 이 반
중간에 고속도로를 놓았구나. 보기 싫으니 당장 나가서 이발하
고 와!"

교실 중간 내 책상과 같은 줄에 앉은 친구들 모두가 담배를 피웠
기 때문이었다. 학교 정문 앞에 있는 이발소로 향하여 대머리 형
상으로 머리를 잘랐다. 대학 시험이 얼마 남지 않아 학생들 모두
제법 긴 머리로 기른 상황이었다. 10여 명 모두가 머리를 빡빡 깍
은 대머리 형상으로 교실로 돌아갔다.

그날 고3 학생들 거의 모두가 우리 반에 구경하러 왔다. 교실
중간 부위에 고속도로가 뚫리고 양쪽 끝에 대머리 점이 찍혀 있
었다. 머리는 대학교 입학 후 한참이나 더 자라기를 기다려야 했
다. 당시에는 젊은이들에게 여자 머리처럼 긴 히피머리가 유행하
던 때에 말이다.

돈봉투 선생님 앞에서 꿇어앉아 비시던 담임선생님의 모습을
잊을 수가 없었다. 대학 1학년 때부터 사귀던 여자친구현재의 아
내를 선생님에게 소개해 드리고 싶었다. 여기저기 수소문하니 댁
이 동작동이었다. 당시로서는 거금을 들여 선생님이 좋아하신다
는 조니워커 블랙레이블과 과일을 사서 여친과 함께 선생님 댁을
방문했다.

한동안 몸이 좋지 않아서 술을 멀리했는데 잘 됐다고 하면서 얼
마나 반가워하시던지. 장시간 이야기꽃을 피웠던 것은 당연하지

만 세상에, 양주 한 병을 다 마시고 소장하던 조니워커 한 병을 더 꺼내서 두 사람이 각 한 병씩 마셔버렸다. 나중에 여친으로부터 혹독한 야단과 함께 안 사실이지만, 선생님 댁을 나와서 대낮부터 큰 길거리를 이쪽에서 저쪽으로 비틀거리며 걸었다는 것이다.

  대학 4학년 초에 친지의 부탁으로 당시 고3이던 아들 입주 과외를 시작하는 바람에 선생님을 다시 뵙지는 못했다. 그러다 여친과 결혼한다는 인사를 드리기 위해 전화를 드리니 사모님이 받으시면서 오랜 투병생활 후에 내가 마지막으로 뵌 지 3년 후에 타계하셨다는 것이다. 그 소식에 별로 눈물이 없던 내가 얼마나 울었던지. 혹시나 나와 함께 마신 술이 너무 지나쳐서 그랬던 것은 아닐까 하는 의구심과 함께.

  저세상에서도 인자한 모습으로 지켜보고 계실 선생님에게 간절한 마음으로 기도했다.

  "선생님, 오랜 기간 안부 전화마저 못 드렸던 것 정말 죄송합니다. 이 못난 놈 용서하시고 저세상에서도 그렇게 인자하신 웃음으로 저희 신혼부부를 축하해 주세요. 사모님과 가족들에게도 복 내려주세요."

싱가포르인 의동생

1994년에 사업 관계로 한 중국계 싱가포르인을 처음 만나게 되었다. 미국의 석유왕 록펠러는 《인생충고》라는 책에서 말했다.

"일반인과 대화를 나눌 때는 다만 30%만 말하고, 친한 사람과 대화를 나눌 때도 50%만 말하고, 가족과 대화를 나눌 때도 단지 70%만 얘기하라."

이 충고는 중국인에게도 그대로 적용된다고 한다. S그룹에서 근무하던 시절 중국과의 수교 이전에 당시 포르투갈령이었던 마카오의 중국인 최고 실권자가 소유한 회사와의 국내 독점 교역 창구 역할을 했었다. 마카오를 드나들면서 느꼈던 중국인에 대한 감정을 잘 대변해 주는 말이다.

한국인은 자신을 쉽게 드러내기 때문에 쉽게 친해진다. 그러나 중국인은 자신을 잘 드러내지 않기 때문에 친해지기까지 매우 긴 시간이 걸린다. 그러나 일단 친해지면 형제자매보다도 더 끈끈한 정을 나눌 수 있다고 한다.

1993년 하반기에 S그룹사를 퇴사하고 당시 새로운 개념의 솔루션 부문에서 세계 1위였던 미국 회사의 국내 독점 대리점 사업을 하는 회사를 개업하게 되었다. 1994년부터 파트너사의 한국 사업 관할권이 싱가포르 현지법인으로 옮겨지면서 싱가포르 법인의 C 대표를 처음 만났다. 동 사업은 신속하게 확장되어 C 대표와의 만남은 빈번하게 이루어졌다. 자연히 그의 부인과 어린 외아들과의 만남도 잦았다.

C 대표는 홍콩 태생 중국인으로 나보다 4살 연하고, 부인은 싱가포르 태생 중국인이었다. C 대표보다 7살가량 어렸지만, 당시 세계적인 컴퓨터 하드웨어 업체로 승승장구하던 W컴퓨터의 최연소 간부로 대단한 활약상을 보이던 여성이었다. 앞에서 설명한 대로 중국인은 자신의 본모습을 잘 드러내지 않아 깊이 사귀기까지는 많은 시간이 소요된다. C 대표 부부도 마찬가지였다. 그러나 업무 관계가 보다 심화되고 만남이 거듭되면서 서로 마음 속 깊은 곳을 터놓기 시작했다.

C 대표 가족 모두가 한국을 한 달간 방문하던 1998년 12월에 설악, 제주 및 서울 인근 관광을 함께했다. 설악에서 체류하던 호텔에서 함께 아침 식사하던 중 C 대표 부부가 우리 부부에게 의형제 맺을 것을 제안했다. 그 후 비공식석상에서는 오래 전부터 호칭해 왔던 '형님Hyungnim'을 공식적으로 부르기 시작했으며, 실질적인 의형제 관계를 맺는 기념 만찬도 함께 가졌다. C 대표의 이름은 KF Chan이다.

설악 및 제주 지역 관광을 마치고 분당의 우리 집으로 돌아와 마지막 서울 인근 관광을 하는 첫날이었다. KF가 아침식사를 하는데, "형님, 나는 몸이 좋지 않아 아침을 못 먹겠네. 집에서 혼자 쉴 테니 아내와 아들만 데리고 갔다 오시오"라고 말했다. 싱가포르로 돌아가기 전 3일간 계속 몸이 좋지 않아 집에서 쉬고 있었다.

그들이 모처럼의 한국 여행을 마치고 싱가포르로 돌아갔는데 약 1개월 후 그가 간암 3기로 회복하기 쉽지 않을 것이라는 연락을 받았다. 뜻밖의 소식이었다. 회복을 위한 KF 부부의 간절한 소망과 끈질긴 노력 끝에 그다음 해에는 회복되는 모습을 보였다.

그는 사무실 임직원 가족 모두 함께하는 인도네시아령 빈탄 섬 여행에 우리 부부를 초청했다. 몸은 좀 수척해졌지만 건강한 모습으로 함께할 수 있는 기쁨을 맛보았으며 보람찬 1주일의 여행을 즐겼다.

그 기쁨도 잠시, 2001년 하반기에 암이 전이되고 심화되었다는 연락을 받았다. 결국 그다음 해 저세상으로 떠나고 말았다. 이제 막 의형제를 맺어 100세 시대를 함께 구가할 수 있는 계기를 맞이했는데 KF는 너무 허망하게도 떠나버리고 말았다.

그의 아내와 나는 한동안 이메일이나 전화로 대화하다가 2013년에는 우리 부부가 싱가포르를 다시 방문했다. 젊은 나이에 남편을 잃은 한이 얼마나 컸을까마는 싱가포르에 체류하는 10일 가까운 시간을 그녀의 집에서 체류하면서 C 대표와 함께 방문했던 식당들을 돌면서 나름 즐거운 시간을 보냈다. 물론 그녀는 내게나 아내에게 '형님'이라고 불렀다.

코로나19가 해소되어 가던 2022년 7월 25일 그녀가 이제 핸섬한 청년으로 성장한 아들과 함께 방한했다. 나는 최선을 다해 그들의 방한을 위한 준비를 했다.

1주일여 대부도 집에서 체류하고, 3일은 속초에서 지내고, 나머지 4일간 아들의 친구들을 만나기 위해 명동의 한 호텔에 체류하면서 보람 있는 여행을 마치고 떠났다. 그의 아들은 내 둘째 아들을 따라 변호사가 되기를 원했지만, 중도에 투자자문회사에서 투자자문 역할을 하는 것으로 진로를 바꾸었다. 세계적인 대형 회사에 취업하고 잠시 쉬는 동안 방한한 것이다. 이번 방한 때 그녀와 아들이 우리 부부에게 'God Parent대부모' 역할을 해줄 것을 간곡히 부탁했다. 물론 우리 부부는 감사한 마음으로 흔쾌히 승낙했다.

그녀가 귀국하고 나서 얼마 후 자신의 가장 가까운 친구의 남편 장례식에 참석차 미국으로 떠난다는 연락을 받았다. 가슴이 철렁 내려앉았다. 의형제를 맺은 KF가 저세상으로 떠났다는 소식을 듣고도 당시 중요한 일 때문에 장례식에 참여하지 못하고 전화와 메시지로만 교신했을 뿐이었다.

동화작가 정채봉은 〈처음의 마음으로 돌아가라〉는 글에서 "손수건과 같은 만남이 가장 아름다운 만남"이라고 했다. 힘이 들 때는 땀을 닦아주고, 슬플 때는 눈물을 닦아주기 때문이라고 한다. 그녀와 아들이 한국을 방문했을 때 혼자 잠자리에 들면서 "동생, 지금 하늘에서 네 아내와 아들이 나와 함께 행복하게 지내고 있는 것 보고 있지? 내가 이제 네 아들의 대부야. 최선을 다할게. 네가 지금 웃고 있는 것 같아"라며 눈물을 흘렸다.

금란지계

우리 삶은 길게 보면 강처럼 흘러가는 시간 안에서 이어진다. 그 시간 안에서 인연을 맺고, 이별을 경험하며, 함께 무엇인가를 이루어 나간다. 인연과 이별, 그리고 이루어낸 것들이 우리 삶을 풍성하게 만들어준다.

세상을 향해 떠나는 여정은 종종 여러 곳으로 이사 다니며 시작된다. 육군 장교였던 아버지로 인해 자주 이사했던 나는 어린 나이에 여러 번에 걸쳐 새로운 친구들과 만났다. 그중에서도 중학교 때 이사한 상도동에서 특별한 친구 두 명을 만났다. 당시 인근에 살던 중학교 동기인 형철, 규호와 같이 매일 같은 버스로 통학하면서 친해지게 되었다. 세 명의 집 중 가운데에 살면서 어머니가 베풀기를 좋아하시어 간식과 음식을 잘 챙겨주셨던 형철이 집에서 자주 모였다.

세 사람은 모두 운동을 좋아했다. 특히 야구를 좋아해서 중학교 야구팀에 합류했다. 나는 별 재능이 없었지만, 두 친구는 뛰어난 재능을 가지고 있었다. 당시 중학교의 공식 야구팀과 시합해도 우리 비정규팀이 이기는 경우가 많았다. 야구를 함께하던 친구들과는 아직도 정기적으로 만나고 있다.

할아버지 때부터 3대째 기독교 가정이라 상도동에서 가장 큰 교회의 학생부를 열심히 다니고 있었다. 고등학교 1학년 때 근처 교회들 대항 야구대회가 개최되었다. 나는 두 친구의 도움을 받았고 결국 그 대회에서 우승을 차지했다. 이를 계기로 규호는 우리 교회에 다니기 시작했다. 형철 가족은 가톨릭 교인이었다.

당시 우리 중학교는 반에서 키 순서대로 번호를 정했다. 그런데 형철은 3학년 때 몰래 발을 약간 들어서 반에서 3번이 될 정도로 작았지만, 운동신경은 우리 셋 중 가장 뛰어났다. 하루는 셋이 형철이 집에 모였는데 그가 프랑스 알렉상드르 뒤마가 쓴 소설 《삼총사》를 기반으로 제작한 영화를 보고 와서는 영화 내용을 열정적으로 설명해 주었다. 주인공인 '달타냥' 역을 흉내 내면서 자기 침대에서 책상 위로, 방바닥으로 이리저리 뛰며 설명하는 것이었다. 떨어져 다칠까 봐 이만저만 걱정이 아니었다. "정말 이 친구 운동신경은 알아줘야 해"라는 말이 절로 나왔다.

형철이는 고등학교 입학시험에서 낙방하고 말았다. 중학생 때부터 태권도를 열심히 배운 그는 태권도 3단 자격증까지 획득하면서 고등학교를 다니지 않았다. 내가 고등학생 때는 형철이가 평균 키보다 클 정도로 부쩍 컸고 핸섬했다. 1971년 내가 대학 2학년 때 그는 캐나다로 이민 간 작은 형의 초청으로 이민 간다고 했다. 출발하기 바로 전날 저녁부터 밤새도록 그가 아끼던 영국산 위스키 2병을 모두 비웠다.

1978년 1월 미국 지사로 파견 명령을 받고 로스앤젤레스로 가는 도중에 세계 최대 스테인리스 식기 가망 고객 중 하나와 상담하기 위해 시카고에서 3박을 체류하도록 되어 있었다. 미국으로 출발하기 전에 형철에게 전화하여 시카고 국제공항에서 만나자고 하니 당장 달려오겠단다. 당시 그가 살던 토론토 집에서 시카고 국제공항까지 얼마나 먼지를 생각해 보지도 않았다. 나중에 알게 된 사실이지만, 그는 나와 단 하룻밤을 함께 지내기 위해 비싼 비행기를 타고 왔다.

로스앤젤레스에 체류하던 1년은 다시 만날 기회가 없었지만, 캐나다 동부지역을 함께 관장하고 있던 뉴욕 현지법인을 맡은 3년간은 네 번을 만날 수 있었다. 나도 몰랐었는데 캐나다에 이민 가기 전 오랜 기간 침을 중심으로 한 한의학을 열심히 수련했다고 했다. 토론토 인근에서 제법 큰 태권도장도 운영했지만, 침 시술과 일본의 유명 의사가 개발한 전통 의료기법을 통한 수입이 더 많았다고 해서 무척이나 놀랐다. 그의 집은 넓은 평수에 야외수영장과 집안에 냉탕, 온탕이 별도로 있었다. 그때 그로부터 배운 냉온욕 기법을 지금도 즐기고 있어 젊어서 환절기 때면 달고 살던 감기로 인한 어려움을 더 이상 겪지 않게 되었다.

뉴욕 근무를 마치고 귀국할 때 규호에게 서울에 언제 도착할 것인지 전화해 두었다. 한국에 도착하자마자 규호가 부모님 집으로 전화했다. 그날 저녁, 귀국 기념으로 저녁과 술을 살 테니 7시까지 예약해 놓은 음식점으로 나오라고 했다. 그는 당시 한국에서 가장 큰 해운회사 중 하나에 근무하고 있었는데 저녁식사 후 술집에 도착해 보니 도우미까지 있는 비싼 술집이었다. 그 술집에서 밤을 새

우면서 마셨다. 지난밤도 비행기에서 잠을 별로 자지 못했는데 그 날도 밤을 새운 것이다. 규호는 나중에 그 사실을 알게 된 아내와 대판 싸우지 않았을까?

그토록 가깝게 지내는 친구도 한날한시에 함께 저세상으로는 못 간다. 규호는 1990년대 초에 심각한 심장질환이 발견되어 몇 년을 고생하다 결국 우리를 떠났다. 이해인 수녀의 〈친구에게〉라는 시가 생각 난다.

보고 싶은 친구야/ 그토록 먼 곳에 있으면서도/ 다정한 목소리로/ 나를 부르는 너/ …./ 슬기로운 눈빛으로/ 나를 지켜 주는 너에게/ 오늘은 나도/ 편지를 써야겠구나

금란지계金蘭之契라는 말이 있다. "둘이 마음을 합치면 쇠도 자를 수 있을 만큼 단단해지고, 마음을 하나로 하여 말하면 그 향기가 난초와 같다"는 뜻이다. 좋을 때는 초대해야만 나타나고, 궂은 일이 있을 때는 부르지 않아도 나타나는 사람이 친구라고 한다. 몸은 서로 다르지만 하나의 영혼으로 뭉칠 수 있는 사람이다. 친구가 있음으로 기쁨은 배가 되고, 슬픔은 반으로 줄어들 수 있다. 멀리 떨어져 있지만 두 친구의 영원하고도 아름다운 추억과 함께 이 세상을 사는 나는 복된 사람이다.

내 친구 세계 챔피언

대학 다닐 때 가까운 친구 소개로 중앙고등학교 출신의 연배가 같은 한 친구와 가깝게 지내게 되었다. 그로 인해 수많은 중앙고등학교 출신 친구들을 사귀게 되었다. 그중 한 친구가 1974년 7월 3일 남아프리카공화국 더반에서 WBA 밴텀급 챔피언이 된 홍수환이다.

수도경비사령부수경사 헌병대에 소대장으로 부임하기 위해 첫 출근하여 부대 내에서 합숙을 시작하는 날, 내가 맡은 소대에는 유명 권투선수 분대라는 특별한 분대가 있었다. 소수의 유도 선수들은 다른 분대에 분산되어 있었다.

수경사로 경제 단체 등 각계에서 공적 후원금이 몰리던 윤필용 사령관 시절, 윤 장군이 부관을 시켜 전국 각지에 흩어져 있던 각 부문 스포츠 선수들을 수경사로 전근 배치를 시켜 큰 비용을 수반하는 선수단들을 발족하여 양성했다. 윤 장군이 물러나고 나서는 비용을 감당할 수 없어 모두 해체하고 각 부대로 배속시켰는데 그중 권투, 유도선수들은 내 소대로, 권투선수들은 별도의 분대로 편성했던 것이다.

권투선수 분대는 내가 부임한 지 1개월 후에 예편한 유재두 미들급 세계챔피언을 비롯하여 유명 선수들이 포진해 있었다. 그중 이전에 만난 적은 없었지만 중앙고 출신 친구들로부터 들어 익히 알던 홍수환 선수가 있었다. 그를 소대장실로 조용히 불러 그와 동기들인 내 절친들의 이름을 대면서 공식석상에서는 할 수 없지만 개인적으로 만나면 편하게 친구처럼 대해도 된다고 하니 무척 좋아했다.

유명 프로 권투선수들은 조식을 마치면 사전 허가된 부대 외부 훈련장으로 가서 훈련한 후 저녁식사 전까지 귀대하면 되었다. 수환이는 나와 키가 같았는데 인물은 호남형이었다. 나중에는 나와 친구라는 것을 소대원들이 알게 되어 두 사람 사이는 보다 자연스러울 수 있었다. 부임 2년차가 되었을 때 그가 남아공 더반에서 당시 WBA 밴텀급 챔피언이던 아놀드 테일러와의 챔피언 결정전이 발표되었다. 헌병단장은 소대장이던 내가 영어 회화가 가능하니 수환이와 동행할 것을 고려했었다. 너무나도 기뻤다. 그러나 무슨 일이 있었는지 그 결정은 취소되고 말았다. TV를 통해 게임을 시청할 수밖에 없었다. 정말 대단한 경기였다. 수환이는 4번을 다운 당하고도 결국 KO승으로 챔피언에 등극했다. 4전 5기의 역사적인 게임이었다. 한국 전체가 열광의 도가니 속으로 빠졌다.

그는 귀국하자마자 특별 휴가를 내고는 동행하기로 했다가 취소되어 얼마나 낙심했느냐며 나를 초대했다. 밤늦게까지 마시고는 당시 여의도에 있던 자기 집으로 데려가 밤새 대화를 나누었다. 그때 시선을 끈 것은 바로 전축 세트였다. 갖고 싶던 브랜드의 매우 비싼 전축이었다. 한밤중인데도 나를 위해 틀어주었던 음악을 들으며 행복한 밤을 보냈다.

군에서 제대하고 나서는 각자의 생활 때문에 자주 만날 기회가 없었다. 나는 제대 얼마 후 미국으로 발령받아 이주하고, 그는 내가 귀국하고 나서 미국으로 이주하여 오랜 기간 살았기 때문에 더욱 그랬다. 유명 인사였기 때문에 그에 대한 소식을 종종 접할 수 있었지만, 그는 그렇지 못했다.

어느 날 내가 다니는 교회에 그 부부가 참석하여 간증과 함께 찬양을 했다. 정말 오랜만에 만나는 반가운 해후였다. 가수인 아내와 재혼 후 독실한 크리스천이 되어 여러 교회들을 다니면서 간증하며 찬양사역을 한다는 사실은 이미 알고 있었지만, 부부가 함께 우리 교회에 방문하게 될 줄은 꿈에도 몰랐다. 얼마나 반가웠던지. 예배 후 반갑게 만나서 별도의 약속을 했다. 그는 당시 내가 운영하던 회사 소재지인 선릉역 바로 근처에서 도장을 운영하고 있었다. 실제 권투선수가 되기 위한 수련생보다는 체력 단련과 함께 다이어트를 위해 수련받는 여성들이 더 많다는 것이었다.

미국의 마이크 타이슨도 1986년 프로 권투선수로 데뷔하여 1990년까지 37승 무패의 기록을 세웠으며 2005년까지 활동한 후 은퇴했다. 그는 자신의 명성을 활용하여 아프리카계 미국인 청소년들에게 긍정적인 역할 모델이 되고 있다. 자신의 경험을 통해 청소년들에게 꿈을 포기하지 않고 열심히 노력하면 성공할 수 있다는 것을 보여주고 있다. 또한 빈곤에 대한 인식을 높이기 위해 노력하며, 어린이들을 돕는 자선 단체에도 기부하고 있다.

톨스토이는 "진정으로 변하고자 하는 사람은, 먼저 스스로의 내면을 변화시키는 일부터 시작해야 한다"고 했다. 홍수환 선수의 선교 활동은 그러한 변화의 시작이며 내가 아프리카 영어권 국가인 케냐, 우간다, 에티오피아에서 선교활동을 하게 된 중요한 계기가 되었다. 사랑하는 친구 홍수환이 아내와 함께 찬양과 간증으로 열심히 선교활동을 하며, 이 사회에 선한 영향력을 주는 전도자로서의 역할을 잘할 수 있도록 두 손 모아 기도한다.

그립다, 이민화 교수

새로운 시작은 때로는 우연의 중재로부터 비롯된다. 그 특별한 만남을 통해 혁신과 발전의 길이 열리곤 한다. 2009년 10월은 새로운 도약을 위해 무한한 가능성이 펼쳐진 순간이었다. 그해 7월 처음 신설된 중소기업청의 호민관실 초대 옴부즈맨으로 근무하는 이민화 교수를 처음 만났다. 내가 운영하던 IT기업에서 취급하던 세계 최고 품질의 SaaSSoftware as a Service: 클라우드 기법 중 하나 성과관리 솔루션을 공급하기 위해서였다. 친하게 지내던 중앙고 출신 친구가 3년 후배인 이민화 교수를 소개해 준 것이다.

용어조차 없던 2003년에 당시 전 세계에서 선풍적인 성장을 시작한 클라우드 기술과 최고의 솔루션을 우리나라에 처음 소개했다. 우리나라는 여러 가지 이유, 특히 보안 문제를 문제 삼아 2015년 9월 새로운 법이 제정되기 전까지는 공공기관에서 클라우드 기법 활용이 허용되지 않았다. 일반 기업 대상으로도 마케팅조차 하기 힘들었던 클라우드 솔루션을 공공기관에 공급한다는 것은 상상하기 힘든 실정이었다.

당초 30분가량 면담하기로 예정되었는데 2시간 이상 지속되었다. 회의 도중 담당자를 불러 내 설명을 함께 듣도록 했다. 그는 내 친구로부터 미리 개략적인 소개를 받았지만 이미 클라우드 기법에 대해 높은 수준의 이해를 하고 있었다. 회의 전에 솔루션에 대한 검토도 한 것 같았다. 그 자리에서 바로 구매 결정을 해주었다. 솔루션 활용법을 지도하기 위해 몇 차례 더 만날 수 있었지만, 취임 1년 남짓 후에 그 자리를 자진 사퇴하는 바람에 더 이상 만날 기회가 없었다.

이 교수는 '벤처'라는 단어가 생소했던 1985년, 초음파 진단기 개발업체이자 벤처 1세대 기업인 메디슨을 창업했다. 1995년 벤처기업협회를 설립하고 초대 회장을 맡았다. 한국의료용구협동조합 이사장, 사법개혁추진위원회 위원, 한국기술거래소 이사장, 창조경제연구회 이사장 등을 역임했다.

6년쯤 지난 후 2017년 하반기에 창조경제연구회 주관으로 4차 산업혁명 전문가 양성과정이 개설된다는 걸 알고 참여 신청을 했다. 매주 토요일 진행된 과정에 하루도 빠지지 않고 참석하여 열심히 공부했다. KAIST 출신 박사들을 중심으로 구성된 창조경제연구원에서 출간한 4차 산업혁명 관련 20여 권의 서적도 탐독했다. 평소에 존경하던 이민화 교수를 매주 만날 수 있다는 사실만으로도 감동이었다.

그 후 국내 대학생, 아프리카 영어권 3개 국가, 베트남, 미얀마 등지에서 4차 산업혁명에 대한 전문가로 초빙되어 강의를 진행했다. 2018년 하반기에 시행된 대구시 스마트시티 구축 프로젝트 컨설팅을 주관한 이 교수는 동 프로젝트 20여 개의 부문 중 하나인 스마트워킹 부문 컨설팅은 내게 맡기기도 했다. 국내 4차 산업혁명 관련 전문가들 및 우수 기업인들과 자주 교류하면서 배울 수 있는 계기가 되었다.

그는 클라우드 규제를 풀어야 한다는 세미나를 수년간 지속적으로 개최했다. 세계 제1의 인터넷 환경을 구축하고 있는 한국이 유독 클라우드 부문에서는 후진성을 면치 못하고 있었다. 이런 상황에서 그의 노력은 혁신과 미래로 향하는 중요한 전환점이 되었다. 그러한 노력이 없었다면 2015년 9월에 처음 발효된 클라우드 관련 법안조차 시행되지 못했을 것이다.

2019년 8월 3일 그가 갑자기 타계했다. 큰 충격에 휩싸일 수밖에 없었다. 건강이 좋지 않다는 것은 알고 있었지만 그렇게 갑자기 떠날 줄 몰랐다. 나중에 그의 비서로부터 들은 이야기이다. "심한 부정맥으로 절대 무리해선 안 된다는 진단을 받고 나서 오히려 짧은 기간 안에 국내에 클라우드 규제를 풀고, 4차 산업혁명 관련 산업을 신속하게 발전시켜 나가야 한다는 일념으로 더욱 더 열심히 정진하는 바람에 당초 예상보다도 일찍 타계했다"는 것이다. 이럴 수가!

내가 이 교수로부터 배운 것 중 가장 기억에 남는 내용이 있다. 4차 산업혁명을 '기술'의 차원에서만 보면 안 되고 기술과 인간의 욕망이 함께 진화한다는 관점에서 바라봐야 한다는 것이다. 새로운 산업혁명이 일어날 때마다 과거의 기술 영역에서 일하던 수많은 사람들이 일자리를 잃었다. 그러나 인간의 욕망은 끊임없이 새로운 일자리를 만들어낸다는 것이다. 4차 산업혁명을 '인간을 위한 현실과 가상의 융합'이라고 정의했다.

그는 항상 새로운 기술에 대한 스킬과 함께 가치관을 강조했다. 모든 사람이 기업가정신을 가슴에 품고 살아야 한다고 했다. 그의 노력과 헌신은 클라우드 기술과 혁신에 새로운 지평을 열었다. 우리는 그를 기리며, 그의 유산을 이어가야 한다. 우리는 기술과 욕망을 함께 키우고 그의 귀중한 가르침을 실천하며, 미래의 가능성을 확장하는 길에 앞장서야 할 것이다. 이민화 교수는 떠났어도 그의 유산은 우리와 함께 존재할 것이다. 온화한 미소와 함께 이해하기 힘들 정도로 일에 집중하던 이민화 교수가 무척이나 그립다.

닮아가는 삶과 도전

우리의 인생은 삶의 멘토라고 생각하는 사람들을 지속적으로 닮아가는 삶이 아닐까? 기독교적 관점에서는 하나님과의 상호작용을 통해 믿음이 성장하고 변화하는 과정인 그리스도 예수님을 닮아가는 삶이다.

멘토는 신뢰할 만한 풍부한 경험과 지혜를 겸비하여 타인을 지도하고 상담하거나 후원해 주는 사람을 말한다. 멘토의 삶은 우리에게 영감을 주며, 목표와 꿈을 더 크게 키우도록 도와준다. 그들의 모습은 마치 삶의 풍경을 밝히는 햇살처럼, 우리의 어둠을 밝혀주고, 앞으로 나아갈 방향을 제시해 준다. 우리는 멘토의 삶을 통해 얻을 수 있는 단순한 조언에서부터 깊이 있는 가르침까지 그의 발자취를 따라가며 성장한다.

예수님을 닮아가는 삶을 산다는 것은 예수님이 당했던 세 가지를 우리도 당하는 것이다. 첫째가 고난이요, 둘째가 시험이요, 셋째가 십자가를 지심으로 받은 수치와 모욕이다. 예수님을 닮아가기 위해서 예수님이 경험한 것을 우리도 경험하는 것이다. 이 세상은 편히 쉴 곳이 아니라 고난을 통해 우리 자신을 훈련하고 준비하는 곳이다. 고난을 통해 마침내 소망을 이룬다고 한다. 시험은 우리로 하여금 선택하게 한다. 하나님을 선택하면 사탄의 계획인 시험은 수포로 돌아가고 우리는 더욱 더 성장한다. 예수님은 자신을 십자가에 못박아 수치와 모욕을 당하게 한 사람들까지도 하나님께 용서를 구했다. 악을 선으로 이긴 것이다. 의도적으로 우리에게 상처를 주는 사람들이 많다. 우리 삶이 그리스도를 닮아가도록 하나님께서 사용하시는 세 가지 도구 중 가장 힘든 것이다. 그러나 상처받지 않고는 용서하는 법을 배울 수 없다.

그런데 문제는 이 세 가지 도구가 우리를 저절로 자라게 하지 않는다는 점이다. 때문에 마음의 준비를 단단히 해야 한다. 하룻밤 사이에 그리스도를 전부 닮을 수도 없다. 많은 시간 도전해야 한다. 사람은 하나님의 형상대로 창조되었다고 믿기에 모든 사람을 존중하고 사랑을 실천하도록 요구한다. 예수님을 닮아가는 삶은 사랑, 관심, 인내 그리고 공동체에 대한 존중과 같은 미덕들을 강조한다. 하나님의 뜻을 이해하고 그 뜻에 따라 행동하는 과정에서 자신의 삶에 대한 비판적 사고와 논리적 추론 능력도 필요로 한다. 쉽지 않은 일이다. 멘토는 기독교인이 아니라 할지라도 이 세 가지의 도구를 모두 이겨낸 사람들이다.

멘토의 삶과 예수님을 닮아가기 위해서는 우선 내가 변해야 한다. 부족한 부분이 무엇인지 명확하게 깨닫고, 성장하기 위해 과감하게 변화해야 한다. 그 길은 아직 겪어보지 못한 새로운 길이다. 따라서 닮아가는 삶이란 끝없는 모험이자 예술적인 여행이다. 자연스럽게 변화하고 닮아가는 삶은 성장과 배움의 과정이다. 새로운 도전을 통해 실패와 성공, 아픔과 기쁨을 거치면서 자신만의 독특한 형상을 만들어가게 된다. 삶은 우리의 선택과 행동을 통해 형성된다. 당당한 발걸음, 꿈을 향한 도전, 그리고 힘들 때 우리를 일으켜 세우는 용기는 모두 멘토의 삶을 닮아가게 하는 요소들이다.

 닮아가는 과정은 단순히 외적인 모습뿐만이 아니다. 내면에서도 영향을 주고 받으며 서로를 닮아간다. 마치 책 속의 이야기가 독자에게 영향을 끼치듯, 우리의 생각과 가치관도 주변의 영향을 받아 변화한다. 따라서 주변 사람들과의 관계도 삶을 형성하는 중요한 부분이다. 존중과 이해, 사랑과 관용이 서로를 둘러싸며 조화를 이룬다. 작은 조각들이 모여 하나의 큰 그림을 이루듯, 우리의 삶은 주변과 소통하며 더욱 풍성해지는 것이다.

 닮아가는 삶을 위한 변화는 끊임없이 이어져 새로운 모습을 창조한다. 그 모든 순간은 우리를 더욱 풍부하고 성숙하게 한다. 닮아가는 삶은 결국 자아의 발견과 성장의 과정이다. 모습은 닮아가지만, 그 속에는 우리만의 독특한 색깔과 아름다움이 숨어 있다. 삶의 물결에 맞춰 조각조각이 모여 만들어가는 우리만의 예술작품, 그게 바로 닮아가는 삶의 아름다움이다. 닮아가는 모습을 통해 더 나은 작품으로 완성해 나가는 것이 인생의 아름다움이 아닐까 싶다.

제2장

희망

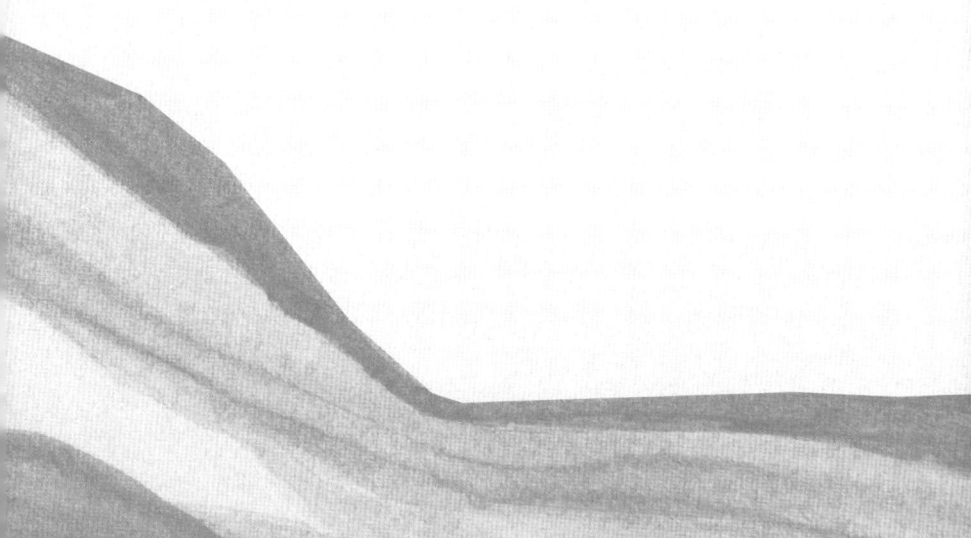

기술인력의 희망, 이현순 박사

1984년 S사에서 자동차 부품 수출부서를 담당하고 있을 때, 고등학교와 대학교 동기로서 GM 자동차연구소 엔진개발실에서 근무하던 이현순 박사가 30대 중반에 현대그룹 정주영 회장이 직접 스카우트하여 현대자동차 마북리 연구소를 담당하는 중역으로 추대되었다는 소식을 접했다. 마북리 연구소로 전화하여 그와 만나기로 했다. 회사에서 담당하는 업무에 대해 소개하고 나서 "앞으로 네 계획은 뭐야?"라고 물었다. 그는 자신에 찬 목소리로 "현대가 출시하는 자동차에 직접 탑재할 엔진과 변속기를 남들보다 앞서가는 기술로 개발할 거야"라고 했다. 그의 말에는 미래를 향한 기술의 문이 열리는 듯한 기대와 가능성이 담겨 있었다.

당시 연구 불모지나 다름없었던 국내 자동차 부품업계의 수준을 어느 정도 파악하고 있던 나로서는 속으로 '포부도 참 크군'이라고 생각했다. 그러나 겉으로는 "그래. 꼭 성공해서 우리나라 자동차 산업 발전에 크게 이바지할 수 있게 되기를 바라네"라고 응원의 말을 건넸다. 스티브 잡스는 "지속적인 도전이 더 큰 성과를 이루게 한다"라고 말했다. 이현순 박사의 도전은 대학을 돌며 유능한 엔지니어들을 확보하는 것으로 시작되었다. 새롭게 확보된 엔지니어들과 함께 그는 10년도 안 되는 짧은 기간인 1991년에 국내에서는 처음으로 개발에 성공한 알파엔진을 엑센트에 탑재하여 수출에 크게 기여했다. 놀라운 일이었다. 그의 뛰어난 리더십과 기술력을 증명하는 계기가 되었다.

그제야 내 안에서 선구자의 목소리가 울려퍼지는 듯한 감동을 느꼈다. 그리고 생각했다. '진정한 선구자는 어떤 상황에서도 두려움 없이 도전하는 용기를 가져야 한다.' 그의 성과는 마라톤에서 첫 번째 골인선을 향한 질주와 같은 것이었다. 그는 지속적으로 엔진개발에 총력을 집중하여 결국 다이믈러 크라이슬러와 미쓰비시 자동차에 엔진 설계 기술을 수출하기에 이르러 그 기술력을 입증했다. 2008년에 개발한 타우엔진은 엔진 부분 최고 권위의 상인 '워즈오토 10대 엔진상'을 수상했고, 이를 탑재한 제네시스는 2009년에 '북미 올해의 차'에 선정되기도 했다.

그는 금탑산업훈장을 비롯하여 대한민국 최고과학기술인상 등 수많은 상을 수상함으로써 국내 최고의 과학기술인으로 인정받았다. 그가 현대자동차 부회장으로 재직할 때 남양연구소를 방문한 적이 있다. 엄청난 규모와 시설, 대단한 기술인력들이 자랑스러웠다.

현대자동차 부회장을 퇴임하고 나서는 수출용 전차의 엔진 개발에 총력을 기울여야 했던 두산그룹의 합류 제안을 받아들여 다시 두산그룹 경영혁신 부문 부회장으로서의 역할을 담당하게 되었다. 1972년 말 두산그룹의 모기업이었던 동양맥주에서 회사 생활을 시작했던 나는 그가 고급 기술경영 부문에서 다소 취약하다고 느꼈던 두산그룹에 합류하게 된다면 커다란 도움이 될 것이라는 확신과 함께 그의 새로운 시작을 축하했다.

그는 2014년 두산에 합류하자마자 가장 먼저 수행한 작업이 역시 우수 엔지니어들을 확보하는 일이었다. 이어 짧은 기간에 수출용 소내형 진치엔진 개발에 성공했다. 무인건설장비, 수소 드론 개발 등으로 이어져 두산그룹의 기술경영 부문을 선도하고 있다. 그의 기술적 도전이 어디까지 지속될지 기대된다. 그의 사무실에서 간혹 만나면 나는 스마트폰 활용법을 가르쳐주고, 그는 예쁘고 작은 모형 트렉터와 두산 베어스선수들의 사인이 들어 있는 야구공, 아내가 좋아하는 영국산 티박스를 내게 선물하곤 한다. 모형 트렉터는 사랑하는 손녀의 장난감이기도 하다.

"지혜로운 리더십은 나눔과 가르침의 정신을 함께한다"라는 달라이 라마의 말처럼, 이현순 박사는 자신의 지혜를 동료들과 공유하고, 현대자동차에서 두산으로 건너온 풍부한 경험을 공유하며 전수하고 있다. 그는 척박하기 짝이 없었던 자동차 산업의 연구 불모지 한국을 세계 첨단 기술의 중심으로 일으켜 세웠다. 현대자동차에 이어 두산그룹에서 새로운 도전을 이끌어 나가는 그의 역할은 자동차 관련뿐 아니라 기술 연구에 관한 한 한국 기술인력들에게 큰 희망과 자부심을 안겨주고 있다.

선한 마음과 개혁의 여정

중국의 고대철학자 노자는 "아름다움은 눈에 보이는 것이 아니라 마음에 느끼는 것"이라고 했다. 이 말은 어려운 결정을 내리고 비리에 맞서 싸웠던 내 군 생활 시절의 고뇌를 대변해 준다. 무엇이 옳고 그른지를 마음으로 판단했고, 이것이 군 생활을 아름답게 매듭지어 주었다.

대학 4학년 때인 1972년 10월 수도경비사령부 '수경사'라고 줄여 부르기도 했음. 지금의 수도방위사령부에서 시행된 ROTC 후보생 중 헌병 장교 차출 인터뷰에 합격하여 서울에서 근무하게 되었다. 당시 막강한 권력을 쥐고 있던 수경사 윤필용 사령관의 지시 하에 후보생을 대상으로 일사천리로 진행되어 16명이 선발되었다. 윤 장군은 내가 1973년 2월 소위로 임관 후 훈련받던 중 구속되는 바람에 그의 후임자 밑에서 군 생활을 하게 되었다.

헌병 병과는 수사와 경비로 나뉘어져 있는데 내가 배치된 곳은 6개의 경비중대 중 선임 중대였다. 경비중대는 3개 중대가 3개월간 서울 주변에 있는 검문소들을 분할하여 맡아 경비한 후 나머지 3개 중대와 교대하여 본부로 돌아와 3개월간 훈련했다. 소대장으로 부임한 지 3개월 정도 지나니 검문소로 파견되었다. 중량교 검문소와 교문리 검문분소 2군데를 맡아 중량교 검문소에서 체류했다. 각 검문소에는 비상시를 대비하여 백차 한 대가 배치되어 있었다. 내 휘하에는 보안사령부에서 사병 1명, 경찰 4명이 배속되어 2교대로 근무했다.

성실은 구로 지니기는 희망차들을 세워 검문했다. 얼마 후 경찰들이 서 있으면 화물차들이 무조건 정차하여 경찰에게 돈봉투를 준다는 것을 알았다. 시간이 많이 소요되는 불법 화물 검문과 검색을 유예하는 대가란다. 그와 같은 부정행위를 일체 금한다는 엄명을 내렸다. 이틀 후 나보다 훨씬 연상인 경찰 2명이 아침 근무를 마치고 지하에 있는 내 방으로 들어오자마자 연신 큰절을 하며 하소연했다.

"소대장님, 저희는 가족의 생계를 책임지는 가장입니다. 본부에 상납을 해야만 자리를 유지할 수 있습니다. 제발 화물차로부터의 금품 회수만큼은 허락해 주십시오."

그들의 간곡한 호소에 일부 비리를 눈감아줄 수밖에 없었다.

매주 한 번 실태 조사를 하여 중대장한테 보고한다는 핑계로 중대본부 인사계 상사 계급가 아침에 검문소를 들러 전 사병을 불러 세워 오랜 시간 기합을 주는 것이었다. 하루는 인사계가 돌아가고 나서 선임 분대장에게 이유를 물었다.

"소대장님, 매주 인사계가 방문할 때 금일봉을 전달해야 중대장에게, 중대장은 대대장에게 상납하게 되는데 우리는 지난 몇 주간 소대장님의 엄명으로 돈을 걷지 못해 상납할 수 없었기 때문입니다. 검문 대상이 되는 사병들로부터는 일체 돈을 받지 않을 테니 주변 기업들로부터 매월 정기적으로 받고 있는 돈은 모아서 전액 인사계에게 전달할 수 있도록 해주십시오."

당시에는 밤 12시부터 새벽 4시까지 모든 차량 및 사람이 통행 금지였다. 그러나 실제 각 기업에서는 일부 차량들이 시간을 어겨야 하는 사정이 생기고, 그 불법을 봐주는 대가란다.

다시 검문소를 방문한 인사계에게 지난달 봉급을 몽땅 주면서 앞으로는 사병들을 상납 관련하여 귀찮게 하지 말라고 선언했다. 다음 달 봉급부터는 내게 지급하지 말고 바로 중대장에게 전해 주라는 말과 함께. 비근무 시간에 백차를 타고 인근 지역 기업의 총무담당 간부를 찾아 그동안 죄송했다는 말을 전했다. 그런데 공교롭게도 그 주변 기업의 담당 중에는 대학 선배가 제법 많았다. 많은 분이 부초소장에게 이전같이 돈을 주면서 내게는 보고하지 말고 바로 인사계에게 전하라 했다며 부초소장이 보고하는 것이었다. 나는 다시 그분들께 진심어린 감사를 표했더니 작은 기부금으로 생각하라고 한다. 내 봉급 상납은 한 달로 그쳤다.

수경사 헌병대는 단으로 증편되었고, 단장도 중령급에서 대령급으로 승급되었으며, 병과에서 청렴하기로 유명한 분이 부임했다. 새로 부임한 헌병단장은 수사를 맡은 수사중대에서 수감자가 평균 200명이 넘는 유치장 시설의 경비까지 맡고 있다는 것이 문제라는 것을 익히 알고 있었다. 비리의 온상이었다. 따라서 수사중대에서 함께 맡고 있던 유치장 경비를 경비중대로 옮겼다. 나는 그 첫 담당으로 지명되었다. 곧 이어 미결수의 면회를 금지하는 새로운 헌병단장의 조치가 발표되었다.

미결수 면회에 따라 경비 헌병들에게 생기는 비리는 크게 세 가지였다. 첫째, 수감자들의 형량 조절이 가능하도록 면회객들을 군 검찰관 조직과 연계해 주는 대가이다. 둘째, 사령부 휘하 군의관 조직과도 연계하여 수감자의 훈련이 일체 면제되는 환자방으로 배정될 수 있도록 하는 대가이다. 셋째, 사병들과 관련된 비리이다. 면회 시 경비를 맡은 사병에게 수감자에게 담배를 전해달라고 하면서 담배갑 안에 뇌물과 수감자가 유치장 내에서 쓸 돈을 별도로 집어넣는 방식이다.

유치장 경비를 맡은 뒤 첫 10일 동안은 유치장 운영에 관한 실상 파악차 유치장 안에서 숙식하도록 되어 있었다. 처음 유치장 안에 들어서자 숨을 쉴 수 없을 정도로 퀘퀘한 냄새가 나서 곧 두통을 호소할 지경이었다. 매일 아침 점호 이전에 감방의 작은 문들을 모두 열어젖히고 대청소를 시켰다. 10일 정도 지나니 냄새가 견딜 만할 정도로 줄었다. 대청소 후 점호할 때 각 방의 마룻바닥을 때려 이상한 소리가 나는 부분을 열어보면 틀림없이 굵은 실로 연결된 담배나 돈다발이 나왔다. 모두 압수했다. 압수한 돈은 수감자의 명의로 예치해 놓았다.

단장의 명령으로 전 수감자를 매일 1시간씩 유치장에서 연병장으로 인도해 운동을 시키고 난 다음 1주일에 한 번씩은 목욕을 시켰다. 이런 일들로 인해 사병들의 경비 업무가 대폭 늘어났다. 대신 그들에게는 근무 중 특별 휴가가 주어졌다.

유치장 안에서 폭력의 근원이 되는 각 방의 감방장 제도를 없앴다. 내 휘하 사병들은 그들이 휴가 나갈 때 자신의 집으로 가지 않고 수감자들 집을 방문하여 뇌물을 수수한다는 것을 알게 되었다. 사병들에게 만일 이와 같은 일이 적발될 경우 최고의 벌을 내릴 것이라고 천명했다.

  3개월의 유치장 경비 임무를 마치고 나니 헌병단장으로부터 1주일의 특별 휴가를 보상받았다. 수경사에서 경험한 변화의 모습들이 바로 우리나라가 50년이라는 짧은 기간에 원조를 받던 나라에서 원조를 하는 세계 유일의 나라로 급성장하게 된 요인 중 일부가 아닐까 싶다. 군 생활을 통한 귀중한 경험은 내게 기회와 도전, 개선과 혁신을 향한 선한 마음과 열정을 가르쳐주었고, 미래에 대한 동기 부여와 인생의 큰 교훈이 되었다.

급성장의 길, 경계 넘는 인생

　1976년 7월 초, 당시 가장 높은 삼일빌딩 소유주인 S사에 경력 사원으로 이직했다. S사는 시애틀 지역에서 목재를 다량 수입하는 회사로 시작하여 스테인리스 및 특수강 제조사업으로 사세를 확장한 기업군의 모기업이었다. 수출부서에서 근무하기를 원했는데 여러 팀 중 당시 중심이 되는 부서는 스테인리스/특수강 수출부서 였다. 스테인리스 양식기 수출부서는 생긴 지 얼마 되지 않아 1인당 수출액수가 스테인리스/특수강 수출부서의 1/20도 안 되었다.
　이미 안정된 부서에서 시작하기보다 새로운 사업으로 스테인리스 양식기 수출부서에 도전하기로 했다. 양식기 제조는 그룹 내 한국 유일의 스테인리스 원판 생산공장인 S특수강의 원자재로 가공하는 하청공장들이 담당하고 있었다. 수출이 막 시작되는 시점이라 새롭게 하청공장을 하고자 덤벼드는 사장들이 많았다.
　S특수강은 두께가 3밀리미터가 넘는 스테인리스 핫코일이라는 기초 소재판을 주로 일본에서 수입하여 상온에서 냉간압연금속판에 압력을 가하여 얇게 제조하는 법하여 1밀리미터 이하의 얇은 시트로 제작한다. S특수강이 핫코일을 수입할 때 부과되는 수입 관세율이

제법 높았다. 그 원자재를 사용한 제품을 수출하면 사용된 원자재에 대해서는 기납입된 관세를 제품 생산 공장에 환급해 주었다.

양식기를 생산하려면 대체로 원자재를 원으로 잘라서 가공해야 하므로 버리는 부분이 생긴다. 버리는 부분을 포함한 비중을 원자재 소요량이라고 한다. 당시 원자재 소요량이 실제보다 높게 책정되어 관세 환급액이 높았다. 따라서 수출용 양식기의 제조업체들은 내수보다 수출을 많이 할수록 수익성이 높아지는 구조를 가지고 있었고, 제품의 수출경쟁력 역시 높았다. 당시 정부 수출지원 정책의 일환이 아니었나 싶다.

당시 직수출할 수 있는 역량을 갖춘 양식기 업체가 없어 제품 수출업무는 100% S사에 의존하고 있었다. 10여 개의 하청공장들을 파악하기 위해 입사하자마자 공장들을 방문했는데 사장들이 저녁 만찬에 초대하여 극진한 대접을 하는 것이었다. 나중에 알고 보니 하청업체를 어디로 정할지는 특별한 경우를 제외하고는 담당사원의 몫이기 때문이었다. 제품 지식과 영어 회화 실력을 높이기 위해 열심히 노력하여 3개월 정도 지난 후 첫 수주를 기록하게 되었다.

첫 수주가 되자마자 선정된 하청공장의 사장이 사무실로 찾아와 금일봉을 주었다. 봉투가 매우 두꺼웠다. 안을 잠깐 들여다보니 당시 만 원짜리가 있었는데도 두껍게 보이려고 그랬는지 모두 천 원짜리 새 지폐였다. 그에게 봉투를 돌려주면서 금일봉은 일체 사절이라고 강력하게 말했다. 그러면 식사라도 함께하자고 했다. 그때부터 과한 접대가 아니라면 영업상 소통을 위해 식사는 함께했다.

입사한 지 1년도 채 되지 않아 갑자기 선진국으로부터 수많은 바이어들이 몰려들었다. 외국으로 출장 갈 필요도 없었다. 몰려드는 바이어들과 하청공장들과의 상담으로 눈코 뜰새 없이 바빴다. 수출 실적은 급속하게 늘어났다. 이전 수십 곳의 고객으로부터 얻는 1년 이상의 실적을 한 고객의 단 한 번 신용장 개설로 얻기도 했다. 우리나라가 어떻게 짧은 기간 안에 급속도로 성장할 수 있었는지를 보여주는 대표적인 사례라고도 할 수 있다. 거의 매일 해외 고객과의 상담으로 나도 모르게 영어 실력이 좋아지고 있었다.

입사 2년차인 1977년 10월에는 로스앤젤레스 지사의 양식기 수출담당으로 인사발령이 났다. 후에 한 하청공장 사장이 로스앤젤레스를 방문했을 때 "장 과장, 자네가 로스앤젤레스 지사로 발령난 여러 가지 이유가 있겠지만, 가장 중요한 이유는 돈봉투의 유혹에 조금도 흔들리지 않았다는 것이라고 생각하네"라고 했다.

당시 S그룹 회장 아들이 전무이사였는데 수출사업부 전반을 직접 지휘했다. 전무와 가끔 회동하는 2~3명의 주요 양식기 하청업체 사장들이 이구동성으로 그 점에 대해 치하했다는 것이다. 당연히 그래야 한다는 단순한 생각에서 시작한 조치였지만, 그 후 직장생활에서 지켜야 할 확실한 좌우명으로 각인되었다.

1978년 1월에 로스앤젤레스에 도착해 생활해 보니 천국이 따로 없었다. 중고이기는 하지만 GM에서 제작한 스포츠카 한 대가 20대 후반인 내게 배정되었다. 한국에서는 한겨울에 출발했는데 날씨가 따뜻하고 비가 거의 오지 않는 지역으로 '내가 이렇게 잘 살아도 되나?' 싶었다. '하나님은 왜 나를 이런 나라에서 태어나도록 하지 않으셨을까?'라는 불만과 함께.

아내와 첫 아들이 2개월만에 로스앤젤레스에 도착했다. 아내가 백일잔치 끝낸 지 4개월 된 큰아들을 업고 하와이 호놀룰루를 거치는 장시간 비행으로 몹시 지쳐 초췌한 모습으로 로스앤젤레스 공항에 나타났다. 자랑스럽게 내 스포츠카를 타고 새로운 집으로 이동하던 중 아내가 맥도널드McDonald 햄버거 집을 발견했다.
"저 집이 뭐하는 집이야?"
"햄버거라는 음식을 파는데 아주 맛있어."
"지금 배고픈데 좀 들렀다 가도 돼?"
차 안에서 드라이브 스루Drive Through를 통해 햄버거와 프렌치 프라이를 받는 모습을 보고는 너무나 신기해하던 아내 모습이 눈에 선하다. 집에 도착하자마자 햄버거를 먹더니 "이거 천국 음식 아니야?"라고 소리쳤다. 그 후 아내는 한 달 내내 거의 하루도 빼지 않고 햄버거와 피자를 시켜 먹었다.

1993년 출간된 로이스 로리의 《기억 전달자》라는 소설이 있다. 소설에 등장하는 특별히 만들어진 시스템 '커뮤니티'는 인조 인간이 그 안에서 주어진 대로 살면 행복 그 자체를 누릴 수 있는 시스템이다. 조너스는 열두 살이 되면서 '기억 보유자'라는 특수한 직업을 부여받으면서 인간이 원래 지닌 기억을 조금씩 전달받게 된다. 매일 먹는 알약을 끊고 나서는 인간의 원 희로애락의 감정을 알게 된다. 결국 그는 커뮤니티의 경계선을 넘어가는 지도를 얻어 자유를 찾아 떠나기로 결심한다. 처음으로 인간사의 풍파와 배고픔과 고통도 경험하지만, 그는 경계선을 넘는 데 성공한다.

새 직장을 선택한 것이 한국의 각박한 삶에서 미국의 풍요로운 삶으로의 경계선을 넘는 데 성공하도록 했다고 생각하며 감사드렸다. 한국의 급성장하던 수출 실적 덕분이다. 나도 급성장한 한국 경제에 작은 기여를 했다는 자부심과 함께.

최초의 프로야구단

1981년 11월에 미국 지사 근무를 마치고 본사로 귀환했다. 본사로 복귀하면 바로 수출부서로 발령받을 것으로 생각했다. 그런데 별도 명령이 있을 때까지 회장 비서실에서 근무하라고 한다. 회사 창업자가 돌아가시고 큰아들이 회장직을 이어받았는데 본사 출근 첫날 인사하러 방에 들어가니 "곧 국내에 프로야구단들이 창단될 텐데 우리 그룹도 창단하려고 하니 그 업무를 마친 다음 수출부서를 맡아서 일하시오"란다. 나는 그 자리에서 "우리 회사의 생산제품은 소비재는 하나도 없고 모두 목재나 금속 제품이라 대국민 홍보가 그리 중요하지 않잖아요. 그런데 엄청난 비용을 수반할 수 있는 프로야구단을 발족한다는 것은 위험할 수도 있지 않을까요?"라고 조언했다.

그러나 회장의 결심은 확고했다. 수익성도 그리 나쁘지 않을 것이라는 판단이었다. 회장은 평소에도 야구를 무척이나 좋아하여 미국 시애틀에 유학 가서 공부할 때 미 프로야구의 광팬이었다.

전두환 씨는 1979년 12·12 반란과 1980년 5·18 계엄령으로 정권을 잡고, 1981년 3월 3일 선거인단에 의한 간접선거로 제11대

대통령에 취임했다. 자신이 진압을 주도한 광주민주화운동 1주기 때 국민의 관심과 분위기를 다른 곳으로 돌리려는 시도로 1982년 초에 한국 프로야구단을 창설하도록 주도했다. 6개 구단이 창단되었는데 그중에 삼미그룹은 대형 목재 제재소가 위치한 인천과 강원을 연고지로 '수퍼스타즈'라는 구단을 창단했다.

홈경기 개막전이 홈구장인 인천공설운동장 공사로 인해 춘천 운동장에서 열렸는데 투수의 부재로 인해 최하위를 면치 못했다. 그러나 1983년부터 해외교포 선수의 영입문이 열리면서 일본에서는 장명부, 이영구 그리고 국내 우수 선수들을 확보하고 인천 야구의 대부격인 김진영 인하대 감독을 영입하면서 승승장구하기 시작했다. 한창 리그 1위를 달리던 수퍼스타즈는 김진영 감독이 심판 폭행으로 경기장에서 퇴장당하고 구속되면서 팀 성적은 하락하기 시작하여 다시 꼴찌팀으로 전락했다.

수퍼스타즈 창단이 확실시 되면서 하드웨어 수출을 담당하는 수출부서에서 근무를 시작했다. 그해 4월, 대학 1년 선배와 5년 정도 연상의 과장 등 두 사람이 모두 차장 진급 대상이었는데 내가 그 윗자리를 차지하고 있어 그들의 진급에 큰 장애요인이라고 판단했다. 수출본부장과 대표이사를 면담하여 그와 같은 사정을 설명하고 다른 부서로 이동시켜 줄 것을 부탁드렸다. 대표이사가 흔쾌히 승인하여 새 자리로 이동한 곳이 바로 수퍼스타즈 영업부 부서장 자리였다. 내가 자리를 옮기면서 두 사람 모두 차장으로 승진했다.

당시 프로야구단은 구단의 마크와 심벌을 그려넣은 박스에 어린 이용 야구단복을 포장하여 선물세트로 만들어 홍보도 할 겸 수익 사업으로 판매하고 있었다. 당시 부모가 자녀에게 줄 수 있는 가장 좋은 선물 중의 하나였기 때문이다. 내가 맡은 첫 해에는 구단의 성적이 너무 나빠 홍보용 일부만을 제작했으나 1983년 승승장구하던 상반기에 바로 5,000세트를 준비했다. 초기에는 불티나듯 판매되었다. 그러나 김 감독의 구속 이후 성적이 최하위로 떨어지면서 판매량은 거의 전무할 정도로 떨어졌다. 연말까지도 재고 소진을 못하고 있을 즈음 S사의 수출본부에 자동차 부품부가 신설되면서 부서장으로 발령이 났다. 야구단 영업부서장으로서의 임무를 제대로 끝내지 못한 채 떠나고 말았다.

  '수퍼스타즈'는 1985년에 매각되어 '청보핀토스'가 되었으나, 1987년 태평양이 다시 인수하여 '태평양돌핀스'가 되었다. 삼미그룹은 청보로부터는 매각 대금을 받지 못하고 태평양으로부터 받게 되었다. 최종 수령한 매각 대금과 그간 투자 자금에 이자를 감안하여 비교해 보면 손해는 아니었다고 한다. 창단 시 수익성에 대한 회장의 판단이 틀리지 않았다. '태평양돌핀스'는 다시 1995년 말 현대로 매각되어 '현대유니콘스'가 탄생하게 되었다. 이후 2008년에 '현대유니콘스'도 해체되고 '키움히어로즈'로 재창단되었다. 처음 창단된 프로구단 중 변화를 가장 많이 겪었던 구단이다.

  초창기에 창단된 6개 구단 중 삼성, 롯데, 오비후에 '두산'으로 개명 구단을 제외하고 삼미, MBC, 해태는 매각 절차를 거쳐서 다른 구단이 되었고, 현재까지 4개 구단이 추가되어 10개 구단이 운영되고 있다. 한국 프로야구단은 지난 40여 년간 꾸준히 발전해 와 세계에서 가장 경쟁력 있는 프로야구 리그의 하나로 자리매김했다. 2006년 월드베이스볼클래식에서 3위를 차지한 이래 2009년에는 준우승을 차지한 바 있다. 2022년 기준으로 한국 프로야구의 평균 관중 수는 29,000명으로 미국 메이저리그의 28,000명과 비슷한 수준으로 성장했다.

이는 한국 야구팬들의 열정과 성원이 있었기에 가능한 일이었다. 특히 1997년의 금융위기, 2008년의 글로벌 금융위기 등을 겪으면서 크게 상심할 수밖에 없었던 국민들의 피난처로, 그리고 단합의 원천으로서 충분한 역할을 감당했다고 생각한다. 앞으로도 잘 발전해 나가길 두 손 모아 기원한다.

포드자동차에 부품 첫 수출

우리 삶은 끝없는 도전의 연속이다. 때로는 새로운 길을 찾아 나서야 할 때가 있다. 자동차 부품 수출의 길을 개척하는 일이 생겼다. 근무하던 S그룹에서 1983년 말 대동그룹으로부터 한국단조를 인수했다. 한국단조는 대형 트럭의 앞차축을 제조하기 위해 필요한 국내 유일의 초대형 단조금속을 가열하거나 상온 상태에서 두들기거나 또는 압축해서 일정한 형태로 만드는 방식 기계를 보유하고 있는 국내 최대 단조회사였다. 그룹 계열사인 S금속에서 제작하는 스테인리스 파이프, 각종 볼트, 너트 등을 중심으로 중소기업들이 제작한 각종 하드웨어 수출을 담당한 부서의 2인자로 일한 바 있었다. 1983년 말에 새로운 단조 관련 제품 수출을 관장하는 자동차 부품부를 발족하여 담당하도록 발령이 났다. 가장 중요한 단조 가공품이 자동차 부품이었다.

자동차 부품 수출은 품질 요건이 매우 까다로운 자동차 제조사에 직접 납품하는 방식OEM: Original Equipment Manufacturing과 다소 낮은 애프터 서비스용 납품 등 2가지로 구분된다. 당시 국내 부품 수출은 애프터 서비스용에 국한되고 OEM용은 전무했던 상황이었다. 그런데 대형 단조물 완성 부품을 애프터 서비스용으로 수출하는 것은 비현실적이었다. OEM용 수출을 해야 하는데 그 역시 자동차 제조사를 직접 접촉하기보다는 OEM에 납품하는 세계 유명 자동차 부품 제조사를 접촉하는 방법이 더 효과적이라고 판단하게 되었다.

미국에서 대형 트럭 앞차축 생산에 있어 세계 1위였던 이튼 Eaton을 중심으로 티알더블류TRW, 로크웰Rockwell, 보그와너Borg-Warner, 델파이 오토모티브Delphi Automotive 등을 접촉하기 시작했다. 6개월 정도의 노력 끝에 S그룹이 나중에 국내에 S이튼이라는 합작사를 개설하게 된 이튼으로부터 첫 수주에 성공하게 되었다. 1984년 말에 이튼의 주문 소식을 듣고 포드Ford자동차에서 부품 구매차 방한한 루디 살베트Rudy Salvette 이사와 구매담당자인 켈리 멕크리어리Kelly McCleery를 만나게 되었다.

두 사람과 함께 단조 가공품을 중심으로 국내 여러 제조사를 방문하고 수차례 해외 출장을 하는 등 6개월 동안의 장기간 상담 끝에 트랜스미션 조립에 들어가는 제법 덩치가 큰 주요 부품의 수주에 성공했다. 그러나 승용차용이 아니라 영국에 위치한 포드 트랙터 공장에 납품하는 트랙터용이었다. 아쉽게도 승용차용은 아니었지만 드디어 세계적 자동차회사 납품에 성공한 것이다. 국내에서는 최초의 성공 사례였다. 국내 자동차 부품 부문의 기술 수준이 세계적으로 인정받게 된 것이다.

이렇게 되기까지 나보다 나이가 많았던 루디는 내 큰형님으로, 나이가 비슷했던 켈리는 친구로 서로를 대할 만큼 가깝게 지내게 되었다. 두 사람은 설악산 인근 콘도에서 시행하는 1박 2일간의 자동차 부품부 직원 수련회에도 함께 참석했다.

 포드자동차에 대한 납품 성공은 티알더블류, 로크웰 등 타 OEM용 부품 제조사들에 대한 수주 활동을 크게 진작시켰다. 1986년에는 외국 구매담당들의 국내 출장이 비교적 뜸한 1월을 겨냥해 주로 미국 미시간주에 포진되어 있던 OEM 제조사들에 대한 출장 계획을 세우고 교신하여 10여 개 제조사의 구매담당자와 7박 8일간의 약속을 확정하게 되었다. 직접 구매담당자들과 상담을 추진하려는 목적도 있었지만, 당시 개소한 지 얼마되지 않은 디트로이트 지사의 지사장에게 일부 업무를 이관하려는 목적도 있었다.

 상세 일정을 확정하기 전에 디트로이트 지점장과 미리 상의하지 못했던 것이 문제였다. 일정을 모두 확정한 후 지점장에게 연락하니 큰일 났다는 것이다. 1월에는 폭설로 인해 미시간주의 모든 고속도로가 통제되는 상황이 발생하기 때문에 일정대로 시행하는 것이 불가능할 가능성이 높다는 것이다. 이미 주요 고객들과 일정을 확정한 것을 어쩌겠는가? 폭설이 없기를 기도하면서 한국을 떠났다.

 디트로이트에서 지점장이 운전하는 차를 타고 무사히 4일간의 일정을 마쳤다. 그러나 5일차 새벽부터 엄청난 양의 눈이 퍼붓기 시작했다. 운전하던 중 도로 자체가 보이지 않아 도로변에 쌓여 있는 높은 눈더미를 보며 천천히 운전해 나가는데 20여 분 정도 지나니 경찰이 한 타운 입구에서 차를 세웠다. 폭설이 와서 도로가 통제되고 있으니 눈을 치울 수 있을 때까지 그 타운에서 체재하면서 기다리라는 것이다. 그 타운은 제법 큰 그랜래피즈Grand Rapids였다.

모텔에 도착하자마자 다음 날 만나기로 한 로크웰 부사장에게 전화하여 사정을 설명했다. 약 1시간 뒤에 전화가 왔다. 그랜래피즈의 세리프Sheriff: 경찰서장에 해당에게 전화하여 타운 내 공항 활주로에 2인승 경비행기가 뜰 수 있을 정도로 쌓인 눈을 치워 그다음 날 오전 7시에 내가 그곳을 떠날 수 있도록 조치한다고 합의했으니 시간 맞춰 공항으로 가란다.

난생처음 경비행기를 타고 고속도로 위를 날고 있을 때 중간중간에 서 있는 차량들이 제법 보였다. 미국과 같은 선진국에서 폭설로 인해 인명 피해가 있다는 뉴스를 들으면 도저히 이해할 수 없었는데 내가 바로 그중 한 명이 될 뻔했다. 디트로이트 공항에 도착하니 차 한 대가 비행기 바로 옆에 대기하고 있었다.

로크웰 부사장과의 미팅에서 좋은 결과를 얻어낼 수 있었지만, 그 사건 이후 나의 불찰로 인해 곤욕을 치른 지점장에게 미안해서 고개를 들 수가 없었다. 그 지점장은 나중에 귀국하여 내 후임으로 자동차 부품부를 잘 키워낸 장본인이 되었다.

나는 1993년 12월에 퇴사하여 IT기업을 창업했지만, S그룹은 1997년에 자금난으로 인해 그룹 자체가 해체되면서 자동차 부품부가 속한 S사는 S종합건설컨소시움에 인계되었다. 다른 사업들은 대부분 중단되었으나 자동차 부품부는 지속적으로 발전·유지되어 이미 퇴임한 직원들의 모임이 지금까지도 활발하게 이어지고 있다.

'최초'라는 단어가 가지는 힘은 막강하다. 누구에게든 "최초로 북미 대륙을 발견한 사람은 누구입니까?"라고 물으면 바로 '콜럼버스'라고 대답한다. 그러나 "두 번째로 발견한 사람은?" 하고 물으면 아무도 모른다. 비록 트랙터 부품이었지만 포드자동차와 같은 OEM에 최초로 수출했다는 정보를 수많은 중·소·대형 고객의 구매담당자가 기억하고 신뢰하게 되었다는 사실이 오늘의 자동차 산업 발전에 조금이라도 도움을 주었다는 자부심을 가져본다. 최초의 길을 뚫도록 함께 노력한 동료들의 열정과 노력에 경의를 표한다. 미래에도 우리의 한걸음이 한국의 자동차 부품 산업에 긍정적인 영향을 미칠 수 있기를 바란다.

대중국 사업 문호 최초 개방

"당신이 세상을 변화시킬 만한 미친 놈이라고 확신할 때, 세상은 당신에게 자리를 내어주게 된다."

스티브 잡스의 이 말은 때로는 미친 듯한 도전이 새로운 지식과 창의성을 피어나게 한다는 것을 상기시키는 듯하다. 정말 변화를 위해 미쳤다고 할 만큼 담대하게 발자국을 내디뎠던 경험이 있다.

1986년에 해외사업개발실이라는 조직이 새롭게 발족되어 자동차 부품부를 후임자에게 인계하고 실장을 맡게 되었다. S그룹은 국가안전기획부로부터 당시 한국과 직접 거래할 수 없었던 대중국 거래를 위한 창구 역할을 하는 마카오의 한 회사와 독점거래를 할 수 있도록 국내 최초로 허가를 받았다. 마카오를 통한 대중국 사업개발을 위한 부서를 발족하게 된 것이다. 북미주 중심의 사업만을 다루어왔던 나로서는 처음 경험하는 공산권의 새로운 시장이었다. 부서를 새롭게 맡자마자 중국과의 사업을 위해 그와 관련해서 읽을만한 한글 책자가 없어 영어 원서와 중국 문화에 관련된 책자를 구입하여 열심히 읽었다.

새 업무를 맡자마자 그룹 회장, 수출본부장과 나는 홍콩을 경유하여 마카오 출장을 떠났다. 홍콩에서는 쾌속선을 타고 마카오로 향했다. 마카오에 도착하니 동업을 하게 될 회사의 간부 몇 사람이 마중 나와 있었다. 당시 마카오는 포르투갈령으로 포르투갈에서 정부 책임자가 파견되어 있었지만, 실질적인 권한은 중국 정부에서 인정한 마카오 내 중국인 실권자가 가지고 있었다. S그룹과 동업하게 될 회사는 그 중국인 실권자의 셋째 아들이 맡아서 운영하는 회사였다.

도착 첫날 동업사 사장인 셋째 아들이 회사의 중역들과 함께 우리를 저녁식사에 초대했다. 첫 만남이라 그랬는지 매우 점잖은 파티였다. 제공한 술은 '우량해'로 매우 독한 중국 술이었다. 사장이 만찬이 끝날 때 "오늘은 예의바른 파티로 여러분을 모셨지만, 내일부터는 마카오 특유의 음식들을 대접할 것입니다"라고 선언했다. 그 음식이 무엇인지 매우 궁금했다.

다음 날 사장 아버지의 사무실에서 간단한 상견례 후 사장과 점심을 하게 되었는데 식당에 들어서자마자 동물의 울음소리가 간혹 들렸다. 방으로 들어서니 둥그런 큰 테이블의 원형 철제 구조물 가운데 머리를 민 작은 동물의 대머리가 보였다. 끔찍한 모습이었지만 뭔지 몰랐다. 모두 좌정하자 웨이터가 톱을 가지고 들어오더니 그 머리를 잘라내는 것이다. 동물의 발악하는 소리와 함께. 살아 있는 원숭이 머리란다. 중국에서는 원숭이 두개골을 먹는다는 말은 들었지만 내가 바로 그 자리에 앉게 되리라고는 상상도 못했다. 소름이 끼쳤다.

사장이 두 손을 모으더니 숟가락으로 벌어져 있는 두개골을 떠서 소스와 함께 먹으라고 했다. 회장은 경험이 있었던 모양이었다. 아무런 저항도 없이 한술 떠먹었다. 본부장은 도저히 못 먹겠다고 사양했다. 나도 소름끼치는 기분과 함께 한술 떠먹었다. 구역질이 나오려고 하는 것을 억지로 참았다. 그런데 웬일인가? 먹을만했다. 한술 떠먹자마자 마신 우량해가 구역질을 막아준 듯했다. 상대 회사 참석자들은 모두 박수를 치며 환호했다.

　오후에 본부장과 나는 상대 회사의 사장 이하 중역들과 업무회의를 진행했다. 업무 회의 마지막에 사장이 또 한마디를 한다. "오늘은 내일 새벽까지 여흥이 진행될 것이기 때문에 여러분들의 건강을 위해 쉽사리 접할 수 없는 뱀의 쓸개를 드시러 갈 것입니다"라며 긴장감을 조성했다. 그러나 '원숭이 두개골까지 먹은 내가 뱀 쓸개쯤이야'라는 생각이 긴장감을 조금은 내려놓게 했다. 뱀 쓸개의 효능에 대해서는 익히 들어본 바 있지만 그다음 날 새벽까지 뭘 한다는 이야기인지 궁금했다.

　호텔에 돌아가 잠시 쉬다가 다시 만찬 장소에서 식사한 다음 골목 전체가 뱀탕을 판매하는 식당으로 가득 찬 거리로 갔다. 한 식당에 들어가니 2층은 뱀 쓸개를 먹는 장소이고, 쓸개를 빼고난 뱀 살로 탕을 끓여 먹는 곳은 1층이었다. 뱀 쓸개가 뱀 한 마리의 값과 비슷하고 뱀탕은 저렴했다. 손님 앞에서 날카로운 칼로 살아 있는 뱀의 쓸개를 직접 떼어내 독한 위스키 잔에 집어넣고는 단숨에 마시라고 했다. 먹고 나니 괜히 몸에서 기운이 되살아나는 느낌이 들었다. 새벽까지 이어진 3차의 회식자리에서는 우리의 과감한 시도가 그들에게 감동을 주어 업무를 포함한 사적인 대화로 양사 참석자 간에 서로가 마음문을 활짝 열고 친숙해지는 시간이었다. 마지막 날 최종 업무회의를 하고는 다시 홍콩을 들러 귀국했다.

　중국인은 거래 상대를 깊이 있게 파악하기 전에는 자신을 잘 드러내지 않아 서로간의 신뢰를 쌓을 때까지 제법 오랜 시간이 걸린다고 한다. 그래도 첫 만남에서의 담대한 발걸음을 통한 상호 신뢰 구축은 업무 진행에 커다란 도움을 주었다. 그 이후에도 예상치 못했던 어려움과 위험요소들이 많았지만 1년가량 수차례 상호 방문과 끈질긴 교신을 통해 대중국 주요 신규 사업 몇 가지를 확정할 수 있었다. 역시 이전에 경험했던 다른 나라들과의 교역에서보다 더 많은 시간과 인내와 노력이 필요했다. 대중국 신규 사업개발을 맡은 지 1년여 후에 수출입 사업본부로 개발된 모든 업무를 이관했다. 이로써 국내 기업의 대중국 교역을 위한 본격적인 문이 처음으로 열리게 되었다.

　알버트 아인슈타인은 "창조성은 지식에 의존한다. 지식은 경험에 의존한다"고 말했다. 원숭이 두개골로 담대하게 발걸음을 내디딘 대중국 사업개발 경험은 앞으로 다가올 모험과 위험에 대한 강인한 자세를 키우고, 그로부터 얻은 새로운 지식은 인생에서 거대한 모습으로 다가오는 새로운 위험을 이겨내기 위한 창의성을 발휘하도록 영향을 끼쳤다.

해외신주인수권부 사채 최초 발행

영국 기업인으로 버진그룹 총수인 리처드 브랜슨은 "뛰어난 기업은 언제나 창의적인 자금 조달 전략으로 미래를 향해 나아간다"라고 했다. 재무관련 경험이 전혀 없었던 나는 회장 비서실장직을 맡게 되면서 시간이 될 때마다 사외 전문가들과의 잦은 회합과 함께 해외자금 확보에 관련된 공부를 열심히 했다. 그룹 회장도 눈치챘던 모양이다.

1989년 1월 2일 신년 시무식을 마치고 회장 사무실에 인사차 들어가니 회장이 "작년 말에 미국에 갔다가 캐나다의 유일한 특수강업체인 아틀라스 스틸과 미국에서 5위의 특수강업체인 알텍이라는 회사도 보유하고 있는 리오알곰이 특수강 부문을 매도한다고 하여 인수하려고 하네. 인수하면 삼미특수강이 세계 최대 특수강업체로 부상하게 된다네. 자네가 최근에 국제금융에 대해서 열심히 공부하고 있다는 사실을 알고 있으니 부족한 자금을 국제금융시장에서 조달해 주기 바라네"라고 말하는 것이었다.

나는 "우리 그룹은 현재 전량 수입에 의존하고 있는 스테인리스 핫코일식기나 건설자재로 사용되는 얇은 스테인리스 강판을 만들어 내기 위해 원자재로 사용되는 두꺼운 강판 생산공장을 짓기 위해 자금을 열심히 모아놓았는데 그 자금을 다시 얇은 강판을 제조하는 데 활용하면 캐나다 공장에서도 일부 수입할 수 있겠지만 결국 앞으로도 계속 핫코일을 수입해야 하는 상황이 되지 않나요? 더 큰 문제는 현재 특수강 관련 전문인력 중에서 해외 제조 및 판매 업무를 현지에서 담당할 만한 인재가 아직 확보되어 있지 않아 걱정됩니다"라고 조언했다.

회장은 "걱정하지 말게. 아틀라스를 인수하게 되면 현지인 중 유능한 인력을 경영진으로 맡기려 하네. 자네는 해외자금조달에만 신경 써 주게"라고 대답했다. 회장의 소신은 확고했다. 업무상 새로운 도전과 불확실성이 가득한 해외에서의 자금 조달에 나선 순간은 두려움과 기대의 혼합이었다. 인수를 위한 자금이 대략 2억5천만 캐나다 달러에 달할 것으로 추산되어 대부분 사내 유보자금과 국내 은행에서 조달하고 부족할 것으로 예상되는 5천만 달러는 해외사채발행으로 조달할 계획을 가지고 추진했다. 회장 비서실장이라는 직함만으로 업무를 처리할 수 없어 삼미특수강의 자금 담당을 겸직하는 것으로 인사발령이 났다.

해외사채는 이미 삼성전자를 필두로 대우중공업 등 5개 대기업 집단이 성공적으로 발행한 바 있는 전환사채를 발행하는 것이 안전하리라 생각했다. 사채 발행을 위한 본격적인 작업을 시작해야 할 즈음 회장에게 그와 같은 계획을 보고했더니 "기왕이면 국내에서 처음 발행하는 해외사채는 없나?"라고 물었다. 나는 "해외신주인수권부사채는 국내 업체에서 발행한 적이 없어 최초가 되기는 하겠지만 혹시나 발행에 실패하게 될 경우 더 좋지 않은 결과를 초래할 수도 있습니다"라고 했더니 "자네는 최초 발행이 실패할 확률이 많다고 생각하나? 그리고 발행에 자신이 없나?" 하고 다시 물었다. "그렇지는 않습니다. 현재 삼미특수강의 재무구조는 단단한 편입니다. 단지 안전한 방향으로 추진하고자 했습니다"라고 답했다. 회장은 "그렇다면 자네가 자신감을 가지고 해외신주인수권부 사채를 국내 처음으로 발행하게나"라고 했다.

그로부터 비서실 업무는 모두 차석에게 맡기고 본격적인 해외 사채발행 업무에 돌입했다. 사채발행 공동 주간사는 메릴린치와 동서증권으로 정하고, 기업인수 관련 컨설팅은 딜로이트DH&S, 변호사법인은 위트맨 앤드 랜섬Whitman & Ransom과 세종으로 정했다. 당시 삼미특수강의 주거래 은행은 제일은행이었다. 사채발행 시장은 유로시장으로 투자자들을 대상으로 하는 설명회는 스위스 제네바, 독일 프랑크푸르트, 프랑스 파리, 영국 런던 4개 도시에서 시행하는 것으로 정했다.

최초 발행에서는 무엇인가 창의적이고도 투자자들에게 충격을 줄 수 있는 방안이 필요했다. 가장 중요한 일정 중 하나가 4개 도시에서 설명회를 성공적으로 개최하는 것이었다. 이미 사채를 발행했던 5개 대기업들은 설명회를 현지어 또는 영어 동시통역사를 활용하여 시행했다. 창의적인 방안으로써 설명회를 성공적으로 시행하는 요인 중 하나로 철저하게 준비하여 통역 없이 내가 직접 추진하는 것으로 용단을 내리고 준비에 돌입했다.

전쟁은 시작되었다. 제네바 첫 설명회를 매우 성공적으로 마쳤다. 매일 비행기를 타고 이동하여 4일만에 4개 도시의 설명회를 끝내는 일정이었다. 설명회 때 묵게 되는 호텔은 그 지역 최고의 호텔이고, 렌트하는 차량도 최고급 수준의 차량이었다. 사채발행 회사의 건재함을 과시하는 도구라고 한다. 내 일생 처음으로 국가의 총수 대통령이 묵는 호텔에서 숙박할 수 있었다. 그러나 너무나도 아까웠다. 설명회 끝나고 가망 투자자들과 지속적인 미팅 및 만찬까지 하고 그다음 날 아침 일찍 다음 설명회 장소로 이동해야 했기에 그 비싼 호텔에서의 체류 시간은 채 7시간도 되지 않았다.

마지막 런던에서는 설명회 이후 발행 업무가 모두 마감될 때까지 머무르게 되었다. 설명회가 끝나고는 좀 저렴한 호텔로 옮겨 체류했다. 그런데 정말 믿기 어려운 결과가 나왔다. 투자를 원하는 총금액이 4억 달러로 발행금액의 8배나 몰리고, 이자율도 그때까지 국내에서 발행한 해외사채 중 가장 낮은 1.25%로 확정되었다. 다른 여러 조건들도 최상위 수준이었다. 성공적인 발행이 확정되자 국내 각 신문은 물론 생애 처음으로 미국 Newsweek에 인터뷰 기사가 실리는 영광도 안게 되었다.

스티브 잡스는 "창의성은 비즈니스 성공의 원천이며, 성공적인 기업은 항상 새로운 아이디어를 존중하고 통합한다"라고 했다. 회장은 내게 새로운 아이디어를 과감하게 추진할 수 있도록 지원해주었고, 나는 그 아이디어를 존중하고 통합하기 위해 창의성을 발휘했던 것이 성공의 원천이 아니었을까 생각한다.

한국인은 미쳤다

우리 부부는 오랜만에 미국 캘리포니아 오렌지카운티에서 살고 있는 어머니와 어머니가 사는 아파트로부터 차로 약 10여 분 거리인 로스앤젤레스카운티에서 살고 있는 큰아들 부부를 만나기 위해 2020년 2월 초 한 달 일정으로 미국을 방문했다.

코로나19가 막 확산되기 시작한 시점에 마스크를 쓰고 인천을 출발하여 로스앤젤레스 공항에 도착했는데 아무도 마스크를 쓴 사람이 없었다. 계속 마스크를 쓰고 있으니 사람들이 모두 나를 피하는 눈치라 할 수 없이 마스크를 벗었다.

2016년 결혼을 위해 미국으로 이주한 아들은 오랜만에 만난 아버지와 엄마 앞에서 그동안의 미국 생활에서 느낀 점을 끊임없이 이야기했다. 한국에서 느끼던 것과는 달리 미국은 정말 인종차별이 없는 나라이며, 한국에 대한 인식이 최근에 얼마나 좋아졌는지에 대한 이야기였다. 그런데 살아갈수록 한국이 얼마나 좋은 나라인지를 느낀다고 했다. 특히 앞서가는 의료 관련 시스템이나 정부의 신속한 비용 부담 등에 대한 한국의 우수성이었다.

"한국은 요즈음 코로나 검사를 국가에서 무료로 시행해 주잖

아요? 그런데 미국에서는 코로나 검사하려면 1,600달러를 개인이 지불해야 해요. 생활이 어려운 홈리스Homeless: 집이 없는 사람들이 많은데 그들은 거리에서 죽을 수밖에 없을 거예요. 지금 발표된 환자 수는 몇 명 안되지만, 실제로는 엄청 많을 수도 있어요."

미국에 도착하자마자 2020년 2월 9일에 열렸던 아카데미 시상식 중계 장면, 영화〈기생충〉과 BTS의 성장 과정을 설명하는 다큐멘터리를 아들 집에서 감상했다. 정말 자랑스러웠다. 아카데미에서〈기생충〉이 왜 여러 상을 휩쓸었는지 이해할 수 있게 되었다. 물론 한류, K-pop 등의 기여도 컸을 것이다.

미국에 온 지 얼마 되지 않아 한국에서 마스크 구매 전쟁이 일어났다는 소식을 들었다. 한국에 있는 둘째 아들 가족이 걱정되었다. 코스트코, 월마트 등 대형마트와 대형약국Drug Store들을 모두 방문했다. 수일간 노력했지만 아무 곳에서도 마스크를 살 수가 없었다. '아니, 미국에서는 아무도 안 쓰는데 웬일?' 아마도 중국, 한국 등지에서 이민 온 사람들이 싹쓸이하여 고국에 보내주는 모양이었다.

한 대형마트에서 추천해 준 약국에 가보니 입고된 지 얼마 되지 않아 재고가 있었다. 40개를 샀는데 한 개의 가격이 10,000원 정도로 매우 비쌌지만 바로 구매했다. 그중 20개는 구매하자마자 항공 택배로 한국에 있는 둘째 아들 집에 보냈다. 나중에 알고 보니 미국에는 직접 마스크를 생산할 수 있는 공장이 단 1개밖에 없다는 것이었다. 한국은 그렇게 많은 공장이 있는데 말이다.

하루는 아들 집에 마시는 물이 별로 없어 코스트코에 물을 사러

갔는데 매진이란다. 다른 대형 매장을 모두 다녔지만 허사였다. 로스앤젤레스는 물이 귀한 지역이고 수돗물을 도저히 마실 수가 없어 코로나 사태가 장기화되면 마시는 물부터 준비해야 한다는 생각에 주민들이 매점매석을 한 것이었다. 나중에 알고 보니 물뿐 아니라 휴지와 쌀도 살 수가 없었다. 휴지는 원료를 100% 중국에서 수입해야 하기에 나중에 살 수 없을 것을 걱정해서였다. 라면마저 대부분의 점포에서 선반이 싹 비어 있었다. 우리나라는 이런 문제가 없으니 얼마나 고마운 일인가.

어머니와 큰아들을 위해 며칠간 돌아다녀 결국 제법 많은 물과 휴지와 쌀을 살 수 있었다. 큰아들과 며느리는 "모처럼 미국에 오셔서 그렇게 고생하실 필요 없어요. 우린 괜찮아요. 나중에 필요하면 구입하면 되요"라며 크게 고마워하는 눈치가 아니었다. 그런데 문제가 심각해지자 "정말 감사합니다"라는 말을 여러 번 들었다. 한국으로 돌아올 때쯤 아들 집 근처를 산책할 때 마스크 쓴 사람들이 하나둘 보이기 시작했다. 우리가 샀던 마스크 중 일부를 아들 집에 남겨주고 왔다.

대학에서의 강의 스케줄 때문에 2월 말까지 귀국할 예정이었다. 그런데 한동안 온라인 강의를 한다고 연락이 와서 비행 스케줄을 3주가량 연기했다. 대학 강의 이외에는 모든 강의 스케줄이 취소되거나 연기되어 귀국 일정을 더 늦추고 싶었지만, 미국 비자 만료기간 때문에 더 이상 연기가 불가능하여 3월 18일 로스앤젤레스를 출발했다.

그 당시 미국에서도 뉴욕을 중심으로 코로나 환자 발생 수가 엄청나게 늘어나기 시작했다. 우리가 귀국할 때는 미국에서 입국하는 사람들도 강제 자가 격리는 아니었다. 그런데 우리가 돌아오자마자 미국의 대도시들이 완전히 정지해버렸고, 우리나라도 미국에서 입국하는 모든 사람들이 2주 강제 자가 격리하는 시스템으로 전환되었다. 귀국을 더 연기하지 않은 것이 다행이었다.

미국에서 매일 한국에서의 코로나19 상황에 대한 뉴스를 듣고 미국에서의 상황을 대비했을 때 정말 의아했다. 미국은 시스템을 잘 갖추고 제반 조치들을 잘하기 때문에 아무도 마스크를 쓰지 않고 아무 제약 없이 생활할 수 있을까? 진정 자유민주주의 국가이기 때문에 그런 상황이 가능한 것일까?

그런데 코로나19와 관련해서는 예외가 없었다. 정말 한국인들은 이번에도 신속하게 대처를 잘했다. IMF 위기 때 한국인들의 금모으기 등의 신속한 회복 노력, 단합 및 그에 따른 신속한 성과가 떠오른다. 88올림픽을 계기로 새로 지은 대중 화장실을 이처럼 예쁘게 설치해 놓은 나라는 찾아보기 어렵다. 이제는 국내 어디를 가도 선진국과 같이 예쁘고 화려하게 꾸며놓았다. 일부 예외가 있기는 하지만 우리나라처럼 어디에서든 밤거리를 마음 놓고 다닐 수 있는 나라가 있을까?

2016년에 10년 이상 국내 대기업의 해외기업 CEO를 지내면서 '회사'와 '일'에 갇혀 사는 한국 직장인들의 슬픈 자화상을 그린 에리크 쉬르데주 《한국인은 미쳤다》라는 책을 읽은 적이 있다. 그런데 이번 코로나 위기 때 미국에서 지내면서 한국을 바라보니 한국인은 정말 미쳤다. 물론 쉬르데쥬가 한국인을 바라본 일부 부정적 의미와는 달리 긍정적인 의미이지만 말이다.

  나는 어릴 때부터 1970년대 말 약 4년간 가족과 함께 미국 지사 생활을 하던 때까지 '나는 왜 하필 한국에서 태어나서 궁핍하게 살고 있을까?'라는 생각을 지울 수 없었다. 그런데 50년도 안 되는 사이에 한국은 정말 많이 변했다. 해외에서 원조를 받던 나라에서 해외에 원조를 하는 세계 유일의 국가로 변신하지 않았는가? 미국을 방문하기 전에 선교활동으로 다녀온 미얀마에서 한국에 지원해 준 쌀로 지은 밥을 어릴 때 먹은 기억이 생생하다. 그런데 지금은 우리가 그들을 지원하고 있지 않은가. 한국인인 것이 자랑스럽다.

진정한 의미의 선진국이란

　오래된 스포츠카를 운전하여 아내와 사랑스러운 아들이 첫돌을 앞두고 있던 1978년 하반기에 로스앤젤레스 근교 베어마운틴으로 향하는 길이었다. 구렁이처럼 꼬불꼬불한 산길을 올라가던 중 엔진이 '퍽' 소리와 함께 먹통이 되었다. 연유를 알 수 없었다. 깜빡이를 켜놓고 몰아치는 걱정 속에 차 바로 뒤에 서서 손을 흔드는데 이게 웬일인가? 첫차부터 거의 모든 차가 내 차 앞에 섰지만, 도와주지는 못하고 바로 떠났다.
　도움의 손길은 마치 희망의 빛처럼 다가왔다. 5분쯤 지났을까? 50대쯤 되어 보이는 한 남자가 나와서 상황을 듣고 보더니 바로 자신의 차 트렁크를 열어 물통을 하나 꺼내와서 엔진 옆 구멍을 열어 냉수를 채워주었다. 잠시 후 다시 시동을 거니 걸렸다. 얼마나 감격스러웠던지. 오래된 차로 이런 산길을 운전할 때는 필히 물통을 가지고 다니라고 충고하는 것을 잊지 않았다. 다시 운전하여 목적지에 무사히 도착할 수 있었다. 10분가량 지체되었을 뿐이다. 당시 한국에서라면 한 대도 정차하지 않았을 것이다. 상상하기 힘든 일이 일어났다. 아무런 대가 없이 도와주려고 나서는 사람들의 친절한 행동을 통해 배려의 중요성을 되새길 수 있었다.

아내는 한국에서 운전면허를 획득해서 오기는 했지만, 실제 운전 경험은 전혀 없었다. 로스앤젤레스에 도착하자마자 운전을 연습하여 캘리포니아 면허를 다시 획득했다. 완전 초보일 때 아들을 태우고 음식을 사기 위해 마트에 가다가 그만 길을 잘못 들어 고속도로 입구로 들어섰다고 한다. 도저히 고속도로 운전에는 자신이 없던 아내는 입구에서 서버렸다. 뒤에 차들이 많이 서서 제법 긴 시간 기다리고 있었지만, 어느 누구도 클랙슨 한 번 울리는 사람이 없었다고 한다. 그런데 그중 누구인가 경찰에 긴급 전화를 했던 모양이다. 경찰차가 사이렌을 울리며 아내 차로 오더니 웬일이냐고 물었다고 한다. 초보 운전자라 고속도로 운전에 자신이 없는데 그만 실수로 고속도로 입구로 들어와 진행하지 못한다고 설명했단다. 곧 경찰은 우리 집 주소를 물어보고는 사이렌을 울리면서 아내 차 앞에서 운전하고 아내는 따라가다 보니 우리 아파트 앞이었다고 감동에 겨워 설명했다.

'바로 이런 것이 선진 문화를 지닌 나라의 삶인가? 우리나라는 언제나 이런 민도를 갖춘 나라가 될 수 있을까?'라는 생각이 들게 했던 두 가지 대표적인 사례이다. 한국이 선진국이 되기 위해 상호 존중과 도움의 정신을 더욱 강조하고, 사회의 여러 측면에서 미래를 개선해야 한다고 생각했다.

1970년대에는 60세가 넘기 전에는 부부가 함께 해외 나가는 것조차 허용되지 않았다. 미국 지사 근무를 발령받아 김포공항을 떠날 때 양가 부모님과 친지들 40여 명이 공항으로 마중나와 예배

보고 어머니는 우시며 나를 전송하던 시절이 바로 엊그제같다. 지사에 나가서 근무하니 월급이 한국에서 받던 것보다 6배가 넘었다. 미국 가던 길에 업무상 도쿄에 잠간 들렀는데 거미줄처럼 뚫려 있는 지하철이 얼마나 신기했던지. 서울에는 강남이라는 말도 없었고, 그 지역은 논밭이었다. 근무하던 회사가 소유하고 있던 31층 짜리가 가장 높은 빌딩으로 유명하던 시절이었다. 올림픽에서 동메달 하나를 따도 나라가 들썩였다.

그런데 지금은 어떤가. 신입사원으로 입사하던 즈음부터 시작된 한국의 고속 발전은 50년도 채 되지 않은 시점에 원조를 받던 나라에서 원조를 하는 세계 유일의 나라로 발돋움했다. '한강의 기적'은 한국전쟁 시로부터 아시아 금융위기 시까지 반세기 동안 한국이 이루어낸 급격한 경제 발전상을 상징적으로 표현한 용어이다. 한강의 기적은 제2차 세계대전 이후 수십 년 동안에 걸친 서독의 경제적 발전을 이르는 말인 '라인강의 기적'을 빗대어 생겨난 말이다.

물론 일부 예외는 있으나 한국에서처럼 밤늦게까지 거리를 활보할 수 있는 안전한 나라가 몇 나라나 될까. 선진국에서 우리나라처럼 의료비가 저렴한 나라가 얼마나 될까. 1990년대부터 불기 시작한 한류 열풍은 놀라운 사건이다. '칼군무'로 인정받는 BTS가 중심이 되는 K-pop, 〈미나리〉, 〈기생충〉, 〈오징어게임〉 등 영화와 드라마, 전세계적으로 점차 대중화하고 있는 한국 음식과 패션을 1970년대에 상상이나 할 수 있었을까.

선교활동의 일환으로 2018년 에티오피아 아디스아바바의 한

의과대학의 학생들을 가르칠 때의 일이다. 휴식 시간 중 한국 유학생과 한국어로 대화하고 있는데 현지인 여학생이 우리 대화에 유창한 한국어로 끼어들었다. 너무 놀라서 어떻게 한국어를 배웠냐고 물어보니 "한국 드라마를 보기 위해서 자습했어요"라고 대답했다.

마하트마 간디가 제시한 사회, 기업, 개인 모두에게 적용될 수 있는 7가지 악덕은 다음과 같다. '노동 없는 부Wealth without work', '양심 없는 쾌락Pleasure without conscience', '인격 없는 지식Knowledge without character', '도덕성 없는 상업Commerce without morality', '인간성 없는 과학Science without humanity', '희생 없는 믿음/종교Worship without sacrifice', '원칙없는 정치Politics without principle'.

한국이 진정한 의미의 선진국이 되기 위해 7가지 부정적 요소를 얼마나 개선했을까? 어떤 부정적 측면을 가장 많이 개선, 개혁해야 할까가 앞으로 우리 국민 모두가 함께 풀어야 할 과제이다. 이를 위해 보다 높은 공동체 의식, 배려, 관용, 그리고 정의와 도덕성을 중시해야 할 것이다. 이러한 변화가 모든 개인, 기업 및 사회 구성원에게서 비롯될 때 한국이 진정한 의미의 선진국으로 더 다가설 수 있을 것이다.

제3장

여행

자유여행이 주는 행복

　디지털 여행의 선도 기업인 부킹닷컴이 2023년 7월 한국인 800명을 포함, 아태지역 11개국 총 8,800명을 대상으로 설문조사를 실시한 결과, 국내 여행객들은 팬데믹의 여파나 고물가 상황에도 불구하고 여행에 대한 의지가 높은 것으로 나타났다. 한국인 응답자의 71%가 향후 1년 안에 여행을 떠날 의향이 있다고 답한 가운데, '그냥 떠나고 싶어서49%' 혹은 '재충전하고 싶어서38%'라는 목적이 '서핑, 스키 등 모험12%'이나 '스포츠, 콘서트 등 이벤트11%'와 같은 외부적 요인보다 우세한 것으로 조사돼 정신적 건강과 해소를 위해 여행을 떠나려는 욕구가 강한 것으로 파악됐다. 이제는 많은 여행객들이 함께하는 패키지여행이 아니고 가족과 함께 또는 홀로 떠나는 자유여행의 시대이다.
　어려서부터 해외여행에 대한 꿈을 가지고 있었다. 1978년 1월 말에 근무하던 회사의 로스앤젤레스 지사 근무를 명받아 이주하면서 그 꿈을 실행할 수 있게 되었다. 미국 내에서 여행할 때는 모두 직접 기획하고 실행에 옮겼다. 지사 근무를 마치고 귀국하고 나서는 바쁘게 살다 보니 가족이 함께하는 여행에서 직접 기획하고 실행해야 하는 자유여행을 한다는 것이 쉽지 않았다. 친지 부부들과 함께 중국 베이징 근처 3박 4일과 중국 운남성의 대리, 리장, 곤명 4박 5일의 패키지여행을 다녀왔지만 그것으로 끝이었다.

패키지여행의 장점도 일부 있지만 다음과 같은 근본적인 문제가 있었다.

첫째, 패키지여행은 여행 일정과 숙박, 식사 등이 미리 정해져 있기 때문에 자신의 취향에 맞는 일정을 짤 수가 없다. 여행에서 식사는 매우 중요한 요소인데 제공되는 식사의 품질이 별로였다.

둘째, 중간중간 물건 파는 곳을 따라가야 했다. 우리 가족은 구매하지 않았지만 여행사의 수지 타산을 맞추기 위한 시간 낭비였다.

우리 부부가 오스트리아 빈을 여행할 때의 일이다. 여행 첫날 호텔 부근에 위치한 호프부르크 궁을 구경하러 나섰다. 막 관광을 시작하려는데 관광버스가 궁 앞에 서더니 한국 여행객들이 30여 명가량 내렸다. 가이드가 궁 앞으로 안내하더니 궁의 역사와 특징에 대해 상세한 설명을 해주었다. 약 5분간의 설명이 끝나고 단체 사진을 찍더니 다시 버스에 탑승하여 다른 장소로 이동했다. 호프부르크 궁은 겉모습보다 내부에 있는 씨씨 박물관, 미술관, 전망탑, 예배당 등이 진정한 볼거리인데 그들은 중요한 부분은 모두 놓치고 궁 앞에서 증명사진만 찍고는 떠났다. 호프부르크 궁은 오스트리아의 역사와 문화를 한눈에 보고 느낄 수 있는 곳이다. 우리는 여유있게 관람하면서 호프부르크 왕가의 번영과 역사를 음미하고 이해할 수 있었다.

자유여행을 통해서 얻을 수 있는 몇 가지 행복은 다음과 같이 정리할 수 있다. 첫째, 좋아하는 음식을 먹는 행복. 둘째, 좋아하는 장소를 방문하여 음미하는 행복. 셋째, 좋아하는 사람들과 함께 여행하는 행복. 넷째, 새로운 문화를 경험하는 행복. 다섯째, 현지에서 새로운 사람들을 만나는 행복. 여섯째, 시간에 쫓기지 않고 평화와 여유를 찾는 행복이다.

미국 지사에서 근무하다 1981년 말에 귀국한 이후 아시아 14개국, 유럽 15개국, 아프리카 4개국, 미주 3개국, 남태평양을 포함한 오세아니아 5개국 등 총 41개국을 여행했으며 그중 26개국을 부부여행으로 했다. 미국에 체류할 때는 두 아들을 포함한 온 가족과 매월 최소 1회차 이상 미국, 캐나다 및 멕시코 여행을 했다. 한국에 돌아온 이후에도 미국과 캐나다에 5회차, 홍콩과 사이판에 1회씩 총 7회차의 가족여행 역시 한 번도 여행사를 따라다니지 않고 모두 직접 기획하고 실행한 자유여행이었다. 특히 미국에서는 대형 RV_{Recreational Vehicle}를 빌려 한 달 가까운 기간의 자유여행을 했다.

4년가량의 미국 지사 생활과 그 이후 해외와 관련된 업무 수행을 통한 영어 회화 능력 때문에 자유여행이 가능했다. 최근 들어서는 4차 산업혁명, 특히 인공지능의 놀라운 발전으로 인해 이제는 어느 나라에 가든 영어뿐 아니라 그 나라의 언어를 몰라도 자유여행을 할 수 있게 되었다. 2017년부터 시작된 아프리카 케냐, 에티오피아, 우간다 3개국, 베트남 및 미얀마에 선교여행을 통해 학생들 및 리더들에 대한 강의를 하러 가서도 그 나라 말을 전혀 모르는 상태에서 영어를 사용하지 않고 한국말만으로 여행할 수 있었다.

　최인철 교수의 글이다. "행복을 주는 최고의 활동은 바로 여행이다. 여행 중에서도 걷기여행이 우리에게 재미를 주는 '걷기+먹기+말하기+놀기' 등을 모두 포함하기 때문에 행복의 종합비타민인 동시에 행복의 뷔페이다." 최 교수의 말대로 자신의 작은 꿈을 이루기 위해 직접 기획하고 실행하는 자유여행은 인간에게 가장 큰 행복을 안겨주는 최고의 활동이라고 생각한다. 나이 들어 장시간 비행기 타는 것이 힘들기 전에 가이드 없이 자유여행을 통해 진정한 행복감을 느낄 수 있기를 기원한다.

생애 첫 해외여행

　1977년 11월에 회사에서 미국 로스앤젤레스 지사 근무를 발령받았다. 드디어 1978년 1월 25일 생애 첫 해외여행을 위해 김포공항을 떠나는 날이다. 로스앤젤레스에 도착하기 전에 도쿄에서 2박, 당시 미국의 3개 지사를 총괄하는 현지법인이 있는 시애틀에서 1박, 그리고 당시 스테인리스 양식기의 가장 큰 가망고객으로 예상되는 대형 고객사의 대표 및 구매 담당자들과 상담을 위해 시카고에서 3박, 총 6박의 일정이 계획되어 있었다. 로스앤젤레스에는 1월 31일 도착 예정이었다. 다른 회사의 경우는 발령지로 바로 직행하는 것이 상례였지만 내 경우는 회사의 배려로 2개 나라, 3개의 도시를 거쳐 새로운 경험을 하며 발령지로 가는 특수한 일정이었다.

　당시에는 해외여행이 매우 드문 사건이었다. 부부 모두 60세가 넘지 않으면 외무부의 특별한 허가가 없는 한 함께 떠날 수 없었다. 떠나는 날 김포공항에는 부모님을 포함한 가까운 친척들과 교회에서 가깝게 지내던 신도 등 40여 명이 모인 자리에서 교회 담임목사 주재로 20분가량 예배를 본 후 작별 인사와 함께 떠났다.

어머니는 눈물을 엄청 흘리셨다. 나는 20여 명과 긴 포옹을 하고 나서야 떠날 수 있었다. 요즈음은 볼 수 없는 진풍경이다.

도쿄 하네다공항에 도착하니 한국어에 능통한 일본인 직원이 나를 맞아주었다. 공항 리무진을 타고 도쿄 시내로 향하는 도중의 도로변은 '선진국의 모습이 이런 것이구나'를 느끼게 해주었다. 도쿄 중앙역에 도착하여 난생처음 지하철을 타 보았다. 정말 신기하기 짝이 없었다. 차량 내 앉아 있는 반 이상의 사람들이 책을 읽고 있었다. 한국에서는 보기 힘든 모습이었다. 호텔은 긴자에서 걸어갈 수 있는 거리에 있었다.

김포공항 면세점에서 구매한 양주 한 병을 들고 도쿄 지사원들에게 간단히 인사한 다음 일본인 직원과 함께 아키하바라 전자상가를 향했다. 당시 나로서는 거금을 들여 가장 가지고 싶었던 캐논 카메라를 구매했다. 그다음 긴자 지역을 구경한 후 유명 초밥집에서 일본 정통사케와 함께 저녁식사를 하고 바로 도쿄타워로 향했다. 도쿄의 밤 풍경은 역시 서울의 그것과는 비교하기 힘들 정도로 화려했다. 그다음 향한 곳이 한국에서 가장 유명한 영화배우로 이름을 날렸던 50대의 K씨가 운영하는 긴자의 밤거리 주점이었다. 한국에서 돈벌이하러 온 젊은 여자들이 동석하는 술집이었다. 공부를 열심히 했는지 일본어를 제법 구사했다. 회사에서 접대받는 것이 처음 있는 대단한 사건이었다. 그것도 비싼 긴자의 주점에서.

다음 날 메이지 신궁과 롯폰기, 신주쿠 지역을 관광했다. 점심은 도쿄에서 가장 유명하다는 일본 라멘, 저녁은 돈가스와 우동으로 마무리했다. 도쿄 여행에서 제일 기억에 남는 건 도쿄 전역을 마음 놓고 다닐 수 있는 깨끗한 지하철 노선, 길거리를 채우고 있는 멋진 모양의 버스와 승용차, 그리고 일본인 특유의 친절함이었다.

다음 날 오전에 하네다공항을 출발하여 알래스카 앵커리지를 거쳐 시간차로 인해 역시 같은 날 시애틀국제공항에 도착했다. 시애틀은 서울보다도 위도가 높은데도 한겨울에 날씨가 온화했다. 겨울은 우기로 보슬비가 자주 내린다고 한다. 내가 도착한 날도 보슬비가 약간 뿌렸다. 빌딩, 거리 주변 환경이 무척 깨끗하고 모든 것이 넓고 여유로웠다.

도심에 위치한 사무실에 도착하니 미국 전 지역을 관장하는 S아메리카주식회사의 사장과 부사장이 모두 기다리고 있었다. S그룹은 시애틀 인근 산림 지역에서 잘라낸 대형 원목을 수입하여 제재업으로 키운 그룹사였기 때문에 시애틀 미주 본사의 사업 규모는 제법 컸다. 키도 훤칠하고 잘 생긴 사장이 "장 대리, 자네는 봉급쟁이라면 누구든 꿈처럼 생각하는 미국 지사에 근무하게 되었네. 자부심을 가지고 열심히 일해서 회사와 자네의 인생에 큰 버팀목이 될 수 있기를 바라네. 특히 자네가 담당하게 될 스테인리스 양식기 사업에 기대가 크네"라고 하며 반갑게 맞아주었다. 마음이 뿌듯했다. 이어 그곳 지사원으로부터 미주 지역 사업과 사원 복지에 대한 개요 설명과 함께 다과를 나눈 후 그 인근 지역을 도보로 산책했다.

시카고에는 시카고대학Chicago University에서 박사과정에 있는 작은 외삼촌 가족이 살고 있었다. 공항에서 외삼촌이 나를 픽업했다. 그날 오후에 외삼촌 집에 도착하여 외삼촌 가족들과 오랜만에 맛있는 저녁과 함께 다음 날 새벽까지 맥주 파티가 열렸다. 아침 10시에 당시 스테인리스 양식기의 가장 큰 고객사 대표와 구매 담당자와 상담하도록 되어 있었다. 이미 대형 수주에 대한 합의가 끝난 상태였지만 그곳에서 주문을 확정하기로 되어 있었다. 1976년 7월에 S사에 경력직원으로 입사하여 1년 반 동안 수주한 총금액보다 더 큰 금액의 수주였다.

1978년 1월 31일 드디어 로스앤젤레스공항에 도착하여 마중나온 선배 과장의 픽업으로 지사 생활을 시작하게 되었다. 이것이 나의 생애 최초 해외여행이었다. 경제적으로 열악한 환경 속에서 일과 접대 밖에 모르고 바쁘게 살아왔던 삶에서 떠나 세계 최상위에 위치한 두 나라의 여유롭고 풍부한 삶과 나만을 위한 회사와 친지의 환대를 경험하며 얼떨떨한 며칠을 보낸 나는 황홀한 느낌과 함께 자존감과 도전 정신을 키울 수 있었다.

미국 지사 생활을 통해 회사에 대한 충성심과 새로운 세계관을 가지게 되었다. 세계 공용어인 영어를 사용하는 미국에서 성공적인 삶을 영위할 수 있다면 어디에서든 성공할 수 있다는 자긍심도 얻게 되었다. 미국에서 지낼 때 기쁜 일과 힘든 일을 두루 겪었지만, 나의 인생을 뒤바꾸어 놓은 계기가 된 것은 틀림없다. S그룹에서의 행보에 대한 영향을 주었을 뿐 아니라 한참 성장하기 시작한 한국 경제에도 아주 미력이나마 기여할 수 있었다. 첫 해외여행의 잊을 수 없는 기회를 준 S그룹에 항상 감사하며 살았다.

요세미티 흑곰의 반란

　미국 캘리포니아의 세쿼이아 국립공원과 요세미티 국립공원은 여행자에게 황홀한 아름다움과 모험의 순간들을 끊임없이 발견하게 해준다. 모험은 우리에게 예기치 못한 순간을 제공하며, 때로는 큰 용기가 필요하다는 걸 알려준다. 그런 순간들은 우리에게 이야기를 남기고, 삶을 더 풍요롭게 만들어준다.

　1978년에 우리 가족은 대학 2년 선배 가족과 함께 세쿼이아와 킹스캐니언을 거쳐 요세미티로 가 캠핑 1박을 하고 다음 날 요세미티 관광 후 돌아오는 계획으로 토요일 아침 6시에 출발했다. 집을 떠나 관광지를 돌아다니려면 운전만 17~18시간을 해야 한다. 먼 거리를 운전하며 요세미티까지 가기 위한 여정은 많은 시간과 노력이 들지만, 여행은 이러한 희생을 가치 있게 만든다.

　요즈음은 한국에도 전남 곡성, 강원도 춘천과 인천 남동에도 세쿼이아 길이 생겨서 많은 사람들이 찾는 관광지가 되었다. 그러나 캘리포니아 세쿼이아 공원의 나무 크기와는 비교가 되지 않는다. 남한의 ⅙ 정도 크기라는 공원의 규모도 놀랍지만, 수십 미터 높이에 사람 30명이 팔을 벌려 둘러설 정도의 둘레를 가진 나무도 있다. 공원 내 가장 높은 산의 높이가 3,000미터를 넘는 높은 산악지대이다.

입구 주차장에 차를 대고 아이들과 함께 트래킹 코스를 걸었다. 일부 나무에는 이름이 붙어 있다. 셔먼 장군General Sherman이라는 나무는 5천 년이나 되었다고 한다. 단군보다도 오래 살았다. 대통령The President, 상원The Senate과 하원The House, 감시병The Sentinel이라는 이름이 붙여진 나무도 있었다. 끝도 없는 숲과 엄청난 크기의 나무들은 우리를 압도하면서도 자연의 아름다움에 대한 경외감을 불러일으켰다. 공원 중간 중간에 새까맣게 탄 부분들도 발견되었다. 언젠가 산불이 난 흔적일까?

오후 1시경 세쿼이아를 출발하여 웅장한 협곡인 킹스캐니언을 거쳐 요세미티로 향했다. 길에서 흑곰Black Bear들이 지나가는 모습이 간간이 보였다. 요세미티에 도착해서는 예약해 두었던 캠핑장으로 향했다. 캠핑장은 완만한 경사의 대평원 위에 설치되어 있었다. 차를 주차하는 공간 옆에 6명이 함께 앉을 수 있는 나무 테이블과 큰 철제 바비큐 세트가 설치되어 있었다. 맛있는 바비큐 음식과 함께 저녁식사를 한 다음 근처를 둘러보고 나서 아이들을 재우고 두 부부가 맥주 파티를 벌였다.

공원의 압도적인 규모와 우람한 크기의 나무들, 끝도 없이 이어지는 험준한 계곡의 모습에 탄성을 지르며 이야기꽃을 피우고 있을 때 갑자기 내 아내가 "왜 오른쪽 옆구리가 따뜻하지?"라고 말하는 것이었다. 모두가 그쪽을 쳐다보고는 아연실색했다. 흑곰 새끼가 아내 바로 옆에서 숨을 쌕쌕거리며 서 있었다. "악!" 하고 소리지르는 순간 곰 새끼는 숲속으로 뛰어 도망갔다. 영화에서 보던 무시무시한 공격력을 가진 곰은 회색곰Grizzly Bear으로 황색곰이라고도 불리는데 요세미티에서 사는 흑곰은 사람에게 해를 끼치는 곰이 아니라고 설명하면서 모두를 안심시켰다.

밤늦게까지 즐거운 대화를 나누고는 각자의 텐트로 가서 잠자리에 들었다. 아침에 일어나 보니 이럴 수가, 전날 저녁 바비큐를 마치고 남은 고기들을 다음 날 먹으려고 보관해 두었던 2개의 플라스틱 냉장박스가 완전히 박살나고 음식이 모두 사라졌다. 사람에게 해를 끼치지 않는다는 것만 믿고 아이들 마실 우유, 고기와 점심까지 준비해 넣어 놓은 냉장박스가 흑곰에 의해 절단이 났다. 할 수 없이 캠핑장의 작은 마트에 가서 아침 요기를 할 수 있는 우유 등 몇 가지 음식을 사서 땜질했다. 미국의 산중에서 캠핑할 때 고기가 들어 있는 냉장박스는 안전한 차량의 트렁크 안에 넣고 자야 한다는 것을 새롭게 배웠다.

요세미티는 남한 면적의 ⅓ 정도 되는 크기이다. 크게 요세미티 계곡Yosemite Valley, 산을 넘어 동쪽으로 가는 티오가길Tiaoga Road, 남쪽에서 마리포사 그로브Mariposa Grove를 거쳐 올라오는 와우나길Wawona Road 등 3개의 구역으로 나눈다. 많은 트레일이 있지만, 우리는 아이들 유모차를 끌어야 하기 때문에 아쉽지만 포기하고 운전하면서 도로상에서 볼 수 있는 곳들만 방문했다. 끝도 없이 연결되어 있는 듯한 장대한 계곡의 길을 따라 운전히면서 중간중간 세워 사진을 찍는 것만으로도 흡족했다. 가장 기억에 남는 장소가 높이가 740미터에 이른다는 요세미티 폭포였다. 요세미티의 높은 폭포와 높은 산들은 우리의 작은 존재와 자연의 웅장함 사이의 균형을 상기시켜 주었다.

이 여정은 단순한 여행이 아니라 모험과 발견의 여정이었다. 모험가 크리스토퍼 콜럼버스가 말한 대로 신기한 모험은 언제나 위험과 불확실성을 동반한다. 그럼에도 불구하고 모든 어려움과 불행을 이겨내는 용기 있는 이들만이 실제로 새로운 세계를 발견할 수 있다. 이 여행은 두 가족에게 새로운 세계를 열어주었다. 자연의 다양성과 아름다움을 경험했다. 새로운 문화와 경험을 통해 우리를 더 풍부하게 했고, 끊임없는 발견의 여정으로 이어져 갔다. 새끼 곰의 숨소리와 예상을 뒤엎은 흑곰의 반란으로 박살난 냉장박스는 우리의 모험 정신과 용기를 대변해 준다.

이 여정은 우리 부부로 하여금 일생동안 어디론가 곧 떠날 준비를 하도록 만들었다. 임영준의 〈여행〉이라는 시에서 다음 시구가 생각난다.

···문물을 얻지 말고/ 세상을 담아오자/ 태엽을 달아/ 늘어지게 우려먹자// 돌아오면 바로/ 어디론가 곧/ 떠날 준비를 하자

미국 내 두 나라 살림

1979년 1월 31일부터 정확하게 1년간 로스앤젤레스에서 살고, 다음 해 1월 30일 뉴욕으로 이주했다. 1월 초에 전임자로부터 업무 인계를 받기 위해 혼자 뉴욕을 방문했을 때이다. 전임자가 뉴욕의 존 F. 케네디공항에 마중나왔다. 맨해튼 시내의 중심가인 메이시Macy's 백화점 앞에서 잠시 기다리라고 하여 주변을 살펴보고는 놀라지 않을 수 없었다. 백화점 바로 앞 대로변에 노숙자들이 긴 머리에 너덜거리는 옷을 걸치고는 그 추운 겨울날 길거리에서 앉아 있거나 누워 있는 것이었다. 길 주변도 너무 지저분했다. 인간이란 간사한 동물인가 보다. 로스앤젤레스의 깨끗하고 넓은 거리 풍경과 사계절 따뜻한 곳에서 살다가 갑자기 춥고 지저분한 뉴욕에서 살 생각을 하니 어처구니가 없었다.

근처 한국 식당에서 점심식사를 할 때 전임자가 한겨울에는 마땅한 집 구하기가 어려우니 집부터 알아보자고 했다. 아무래도 새로운 지역에서 아내와 아들이 살기에는 한인타운이 좋을 것으로 판단하여 퀸즈의 플러싱Flushing이라는 지역을 위주로 둘러보았다. 그러나 마땅한 아파트를 구하기가 쉽지 않았다. 살 집을 정하는데 예정된 5일 중 대부분의 시간을 소모하고 말았다. 정작 업무 인수인계는 제대로 이루어지지 못했다. 간단한 설명을 들었고, 1978년부터 뉴욕 현지법인의 독점 대리점 역할을 하던 회사의 M사장과 인사차 저녁식사를 한 번 했을 뿐이다.

  1월 30일 이주 일자에 맞추어 아파트를 구하지 못해 약 1개월간 계약한 같은 아파트에서 사는 고등학교 동창이 자기 집에서 함께 지내는 것을 허락해 주었다. 이삿짐은 새로운 집으로 이사하는 시점에 도착하도록 준비했다. 함께 살던 친구가 뉴욕에서는 백주 대낮에도 강도나 절도가 많으니 조심하라고 했다. 특히 해가 진 후 후미진 곳을 걷는 것은 '나 잡아잡쇼'와 같은 의미라고 했다. 흑인들이 집중적으로 살고 있는 할렘 지역은 가능한 한 가지 말라는 충고였다.

  플러싱에서 살 때의 일이다. 하루는 아파트 내부 시설물에 문제가 있어 수리 도구를 사기 위해 아파트 바로 앞에 있는 하드웨어 샵을 갔다. 처음 다루는 물건이라 물건에 대한 설명을 읽으면서 계산대로 가고 있는데 갑자기 바로 앞에서 총으로 나를 겨누고 소리지르는 한 흑인 남자가 보였다. 깜짝 놀라 손에 들고 있던 물건을 그대로 떨어뜨리고 두 팔을 번쩍 들었다. 그랬더니 그 강도가 가게 주인이 주는 돈을 들고는 문밖으로 뛰쳐 달아나는 것이었다. 대낮이었다.

  한 고등학교 동기가 S그룹의 뉴저지 지점으로 발령받아 도착해서는 맨해튼 중심가에 자리 잡고 있던 내 사무실을 찾아온다고 전화를 했다. 사무실에 들어오자마자 질문한다. "Take care가 무슨 뜻이야?", "'잘가'라는 뜻이야. 왜 물어?"라고 했더니 자세한 설명을 한다. 맨해튼의 시외버스 정류장에 내려 근처 아이스크림 집에서 절대 해서는 안 될 행동을 한 것이다. 돈을 지불하려고 지갑을 꺼내 잔돈을 찾느라 백 달러짜리 몇 장을 꺼냈다 도로 집어넣고는 결국 1달러짜리를 찾아 지불했단다. 그리고 돌아서서 대로변을 걷는 순간, 앞뒤 좌우로 4명의 건장한 청년이 그를 둘러싸고 함께 걷더니 그중 한 명이 칼을 자신의 옆구리에 대면서 뭐라고 하더란다. '지갑' 소리만 들려 지갑을 주었더니 그가 한 달 생활비로 넣어두었던 돈을 모두 꺼내고 빈 지갑을 돌려준 다음, 자신의 왼팔에 차고 있던 값비싼 오메가 결혼시계도 빼가더란다. 그러면서 "Take care"라고 했다는 것이다. 알고 보니 주변의 한국 사람들 거의 다 유사한 경험을 했단다. 그래도 나는 돈이나 물건을 털리지는 않았다.

그래도 뉴욕에 살면 살수록 좋아하게 되었다. LA와는 다른 좋은 점도 많이 발견했다. 첫째, 지하철이나 버스로 어디든 다닐 수 있다는 편리함이었다. 좀 가까운 지방에 갈 때는 뉴욕 시내의 시외버스 터미널을 이용하면 어디든 갈 수 있었다. LA에서는 어디를 가든 운전하지 않으면 안 되었는데 말이다. 둘째, 한 아파트에도 가까운 친구를 포함하여 많은 한국 사람들이 함께 살고 있어 아내가 외부에서 뭔가 해야 할 경우, 첫째와 갓난 둘째 아들까지도 잠시 봐줄 사람을 언제든지 구할 수 있었다. 이니는 이 덕분에 둘째를 낳고 나서도 6개월간 열심히 공부하여 영어 속기사 자격증을 딸 수 있었다. 셋째, LA에서는 즐길 수 없었던 각종 세계적인 음악회, 수많은 유명 뮤지컬 및 발레 공연을 카네기홀과 같은 장소에서 즐길 수 있었다. 넷째, 맨해튼의 남부지역에는 중국, 이탈리아, 스페인, 프랑스, 그리스, 일본, 타이 등 세계 여러 나라의 맛집들이 몰려 있어 식도락을 즐길 수 있었다. 다섯째, 모임을 위해 운전하지 않아도 되기 때문에 술을 마실 수 있어 친지들과의 만남이 보다 원활하고 즐거웠다. 여섯째, 모두 지하철로 접근할 수 있는 센트럴파크, 엠파이어 스테이트 빌딩, 그리니치 빌리지, 소호, 차이나타운, 월드트레이드센터, 자유의 여신상보트 탑승 등 볼거리도 많다.

여행을 좋아하던 나와 가족은 로스앤젤레스에서는 주말만 되면 요세미티 등 인근 지역의 국립공원을 주로 다녔다. 뉴욕에서는 지하철로 갈 수 있는 맨해튼에 있는 카네기홀 등 여러 명소와 미 동부지역의 여러 도시를 섭렵했다. 뉴욕 인근 지역으로 출장 갈 때는 늘 가족들과 동행했다.

로스앤젤레스와 뉴욕은 한 나라 안의 두 도시이지만 실제 살아보니 인종, 문화, 도시 환경, 날씨, 사는 방법 등이 다른 나라였다. 우리 가족은 실제 미국 안에서 두 나라의 살림을 살았다. 마하트마 간디의 "세상을 바꾸고 싶다면 먼저 자신부터 바꾸라"라는 말처럼, 두 도시에서의 경험은 다양성과 변화에 관한 이해를 높여주었고, 창의적인 방법으로 문제를 해결하고 새로운 도전에 대응하는 능력을 키워 주었다.

미국 서부 대서사

그룹 회장 비서실장으로 근무하던 1988년 봄에 회장실로 아침 인사하러 들어갔더니, "장 이사, 우리 가족이 이번 여름에 미국에서 생애 처음으로 대형버스 RV Recreational Vehicle를 빌려 15일 정도의 일정으로 서부지역을 돌려고 하는데 자네가 함께해 줄 수 있겠나?"라고 한다. 대형버스 RV를 렌트해 출발하는 여행은 모험과 자유를 꿈꾸던 나의 염원이었다. 회장 가족과 함께 떠난 이 특별한 여행은 새로운 경험과 추억으로 가득했다.

여행 계획은 미국에서 오랜 생활을 했던 회장 여동생 부부가 세운 것 같았다. 한국을 출발하여 로스앤젤레스에서 RV를 빌려서 라스베이거스, 그랜드캐니언, 다이노소어Dinosaur: 공룡 국가기념물. 솔트레이크시티, 그랜드 티턴Grand Teton 국립공원, 옐로우스톤 국립공원, 글레이셔Glacier 국립공원을 거쳐 시애틀에서 RV를 반납한 다음 비행기를 타고 로스앤젤레스로 돌아와 한국으로 귀환하는 일정이었다. 라스베이거스와 그랜드캐니언은 여러 번 방문했지만, 다른 장소는 모두 처음 방문하는 곳이었다. 동행하는 사람들은 회장 가족 4명, 회장의 여동생 부부, 막내 남동생 부부,

그리고 나, 총 9명이었다.

로스앤젤레스에서 2박을 하고 아침 일찍 RV 대형버스를 렌트하러 갔다. 국내에서 볼 수 있는 대형 관광버스보다 더 큰 크기였고, 내부에는 더블침대 2개와 4인용 식탁이 침대로 개조될 수 있는 형태로 되어 있었다. 화장실에는 샤워시설도 있었다. 승용차 운전에는 자신 있었지만, 대형버스를 처음 운전하려니 여간 겁나는 것이 아니었다. 특히 뒤로 후진하는 것이 어려워 몇 번 연습하고 나서 출발했다. 일단 도로에 들어서니 운전대가 높아서인지 시야가 넓게 펼쳐져 승용차보다 편안했다. 렌트 후 가장 먼저 향한 곳은 한국 식품점이었다. 약 2주 동안 필요한 한국 식품들을 미리 구매하여 냉장고와 선반에 모두 비치했다.

드디어 RV 여행의 미국 서부 대서사가 시작되었다. 나와 회장 매제와 막내동생이 교대로 운전했다. 주차장에 주차할 때는 연습했던 내가 담당했다. 라스베이거스에서 2박을 하면서 각종 카드, 슬롯머신과 룰렛 등을 즐기고 유명한 서커스 관람도 했다. 다음 날 새벽에 그랜드캐니언으로 향했다. 그랜드캐니언으로 가면서 중간에 미국의 대공황 시기에 건설된 높이 221미터, 길이 411미터 규모인 후버댐과 그로 인해 만들어진 미드호Lake Mead를 구경했다. 그랜드캐니언은 애리조나주 북서부 고원지대가 콜로라도강에 침식되어 생긴 협곡이다.

다음 날 유타주에 있는 다이노소어 국가기념물로 향했다. 유타주에 들어서자 바닥으로부터 몇백 미터나 되는 거대한 황토색 사암 덩어리들이 지속적으로 나타났다. 매우 특이한 경치였다. 유타주 경계로부터 5시간을 더 달리니 목적지였다. 그곳에는 쥐라기의 알로사우루스Allosaurus, 백악기의 데이노니쿠스Deinonychus, 아비도사우루스 Abydosaurus 등을 포함하여 여러 공룡 화석을 볼 수 있는 곳이었다. 공룡 유적 외에도 사슴, 비버, 면양류, 독수리, 매, 올빼미 등 다양한 야생 동물과 식물이 서식하고 있었고, 선사 시대 원주민들이 생활한 흔적도 남아 있었다.

다음 목적지인 솔트레이크에서는 예수 그리스도 후기 성도 교회LDS 교회의 6개 성전 중 하나로 솔트레이크시티의 중심부에 위치한 솔트레이크시티 성전을 방문했다. 높이는 189미터, 면적은 2만 평에 달한다.

솔트레이크를 떠나 6시간가량 걸려 와이오밍주 북서부에 위치한 그랜드 티톤 국립공원에 도착했다. 크기가 옐로우스톤에 비하면 7분의 1밖에 안되지만 높은 산과 맑은 호수, 넓은 목장이 만들어내는 경관이 스위스의 알프스산과 비교될 만큼 아름답고 화려했다. 드라이브하면서 북미 고유의 사슴, 들소, 곰, 고라니들을 볼 수 있었다. 이곳을 지나면 옐로우스톤 국립공원으로 들어간다. 중간중간 아름다운 곳에서 사진을 찍고 난 후 캠프장에서 하룻밤을 묵고 다음 날 옐로우스톤으로 향했다.

옐로우스톤 국립공원은 흔히 5개의 지역으로 나뉘는데 간헐천 지역, 온천들이 많은 메머드 지역, 옐로우스톤 호수가 인접한 레이크 지역, 그랜드캐니언과 같이 협곡이 있는 캐니언 지역, 드라이브 코스로 유명한 루즈벨트 지역이다. 간헐천 지역에서 가장 유명한 간헐천은 올드페이스풀Old Faithful이다. 대형 간헐천을 처음으로 구경한 나는 간헐적으로 대량의 수증기를 수십 미터까지 뿜어 올리는 모습에 "와우!"라는 감탄사가 절로 나왔다. 그와 같은 간헐천 수십 개가 시야에 들어왔다.

메머드 지역에는 튀르키에의 파묵칼레와 같은 계단식 형태의 온천이 많았다. 그곳에 있는 스팀보트 간헐천은 한 번 분출하면 가장 유명한 올드페이스풀보다 훨씬 높은 90~120미터까지 솟아오른다고 하는데 그 주기가 불규칙하기 때문에 기다릴 수 없어 직접 보지는 못했다. 캐니언 지역은 그랜드캐니언보다는 규모가 작았지만, 높은 언덕에서부터 흘러내리는 2개의 폭포는 절경이었다. 캐니언 지역을 방문하는 사람들에게는 이 지역의 경관을 감상할 수 있는 아티스트 포인트Artist Point라고 명명된 곳을 놓치지 말아야 한다.

다음 목적지는 일년 내내 빙하를 볼 수 있다는 글레이셔 국립공원이었는데 그곳으로 향하다가 고속도로에서 갑자기 타이어 펑크가 나 시간을 많이 소모하게 되어 포기하고 시애틀로 바로 향했다. 작은 사고는 있었지만, 로스앤젤레스와 시애틀 체류를 포함하여 15일간의 RV 여행을 무사하게 끝낼 수 있었다.

이 추억은 나의 삶에 빛나는 별처럼 남게 되었다. 꿈같은 이러한 여정은 삶을 즐기는 법을 알려준 소중한 가르침이었다. 여행은 항상 새로운 모험과 기억을 만들어낸다. 우리는 이런 모험을 통해 세계를 더 깊이 이해하고, 자신을 더 많이 발견한다. RV 여행의 미국 서부 대서사는 그런 무한한 모험의 한 부분일 뿐이다.

안토니 가우디와 함께

 운영하던 IT 회사의 미국 파트너사가 세계 주요 대리점 포럼을 2009년과 2012년 2차에 걸쳐 스페인 바르셀로나에서 하루 종일 일정으로 시행했다. 아내와 함께 포럼에도 참석할 겸 관광을 목적으로 2009년 11월에는 7박, 2012년 4월에는 4박의 일정으로 바르셀로나로 향했다. 바르셀로나에서는 역시 1852년 바르셀로나 인근에서 태어난 스페인 최고의 건축가 가우디가 설계하고 건설한 수많은 건축물들을 방문하는 것이 가장 중요한 관광 일정이었다. 바르셀로나의 여정은 상상과 현실이 공존하는 한 편의 동화같았다.
 2009년 첫 방문에서는 가우디가 가장 먼저 건축한 카사 칼베트, 카사 바트요, 카사 밀라, 성 테레사 수녀원 학교, 구엘 궁전, 현재도 건설 중인 사그라다 파밀리아 대성당을 모두 돌아보았다. 어렸을 적부터 걷기도 힘들 정도로 류머티즘을 앓아서 학교도 1살 위인 형에게 업혀 다녔던 애늙은이 가우디가 어떻게 그렇게 독특하고 실제 건축이 매우 어려울 것 같은 기법의 설계를 하고, 감리를 해낼 수 있었는지 신기하다는 느낌을 감출 수 없었다. 관람하면서 계속 감탄사가 나왔다.

  그의 건축기법은 고딕, 르네상스, 바로크, 신고전주의 등 서양 전통뿐만 아니라 인도 문명, 이집트 문명, 중국 문명, 마야 문명과 잉카 문명, 역사 이전의 석기 시대 건축물들, 오컬트 신비주의, 심지어 곤충이나 식물 및 동물들의 형태에서까지 모티브를 따온 것이라 한다. 광범위한 자신의 취향에 맞춰 건축물에 그 기법을 반영하면서, 그 이전이나 이후나 볼 수 없는 독특한 건축물을 완성했다. 가우디의 건축물은 마치 상상 속 세계에서 비롯된 것처럼 독특하고 아름다웠다. "상상력은 모든 것을 만들 수 있다"라는 알버트 아인슈타인의 말이 떠올랐다.

  그의 건축물에는 각이 진 곳이 별로 없고, 대부분 둥근 면으로 설계되어 있어 건설하기도 매우 어려웠을 것이다. 일부 하얀 페인트칠 위에는 적절히 다른 색상도 주어 멋지다. 위아래 층을 연결하는 계단도 일직선이 별로 없이 굴곡을 주었다. 사그라다 파밀리아 성당은 정말 특이했다. 지금까지 100년도 넘는 기간 동안 건설되고 있지만, 아직도 완성되지 못했다. 현재 계획은 가우디 사후 100주년이 되는 2026년에 완공 예정이라지만, 그보다 훨씬 더 걸릴 것이라는 예측도 많다.

  첫 번째 방문 시에는 숙소를 구시가지의 중심인 카탈루냐 광장 근처에 정해서 가우디 건축물 외에도 인근에 있는 왕의 광장, 산타마리아델피 성당, 산하우메 광장, 가장 큰 성당인 카테드랄, 해변의 콜럼버스탑과 해양박물관, 바르셀로네타 해변, 페드랄레스 궁전, 사우타데아 공원, 바르셀로나에 오랜 기간 체류했었다는 피

카소의 박물관. 바르셀로나 온 시가를 내려다볼 수 있는 몬주익 성 등을 구경했다. 호텔 인근 식당에서 공연하는 공연단의 노래와 함께 스페인 고유의 플라멩고 춤을 즐기기도 했다.

스페인은 가죽 제품, 특히 수제화가 유명하다. 유명한 수제화점에서 아내에게 예쁜 구두를 사주었더니 오랜 기간 잘 신고 다녔다. 바르셀로나는 온 도시를 커버하고 있는 지하철, 트램, 버스를 무한대로 탑승할 수 있는 2일권부터 5일권까지의 트래블 패스가 있어 관광하기 좋은 도시였다. 택시를 한 번도 탄 일이 없었다. 몬주익 성에 올라가려면 바르셀로네타 해변에서 케이블카를 타는 방법이 있으나 기다리는 줄이 너무 길어 포기하고, 다음 날 '푸니클라'라는 산악열차를 타고 올랐다.

두 번째 방문 시에는 숙소를 신시가지의 중심인 힐튼 바르셀로나 호텔로 정했다. 체류 기간이 짧아 많은 곳을 찾아볼 수는 없었다. 가우디의 작품인 카사 비센스, 구엘 별장, 구엘 공원을 방문했다. 호텔 근처 카르멜 언덕 위에 위치한 구엘 공원은 매우 큰 규모로 1914년에 완성되어 1984년에 유네스코 세계문화유산에 등록되었다고 한다. 가우디를 경제적으로 지원했던 구엘 백작이 평소 동경하던 영국의 전원 도시를 모델로 했다고 한다. 곡선의 미를 살린 인공 석굴과 모자이크로 장식한 건축물들은 가우디의 독특한 설계 기법으로 지어져 방문객들을 감동시키기에 충분했다. 호텔 바로 옆에 위치한 식당에서 즐긴 바르셀로나 대표 음식인 먹물 빠에야는 독특한 맛을 남겨주었다.

바르셀로나에서의 시간은 마치 가우디와 함께 예술적인 여행을 떠난 것처럼 풍부하고 감동적이었다. 여기서 느낀 아름다움은 가우디의 건축물뿐만 아니라 이 도시와 사람들의 다양성에서 나온 것이었다. 영국 빅토리아 여왕 시대의 예술평론가였던 존 러스킨이 "예술은 마음을 움직이는 힘이다"라는 말이 기억 난다. 바르셀로나는 예술의 힘과 아름다움을 만끽할 수 있는 도시였다.

폐소공포증 친구의 자신감

　알버트 아인슈타인은 "인생은 탐험할 가치가 있는 여행이다"라고 했다. 1990년 7월에 폐소공포증이 있는 친구 가족과 함께 미국 서부지역을 여행한 적이 있다. 로스앤젤레스에서 아이들과 함께 디즈니랜드, 유니버설 스튜디오, 라스베이거스에서 서커스를 관람하는 코스였다. 친구 가족에게는 첫 번째 해외여행으로 의미가 깊은 여행이었다. 폐소공포증이란 비행기와 같은 좁은 공간에서 오래 견디지 못하는 증상을 말한다. 미국 여행을 할 때만 해도 친구가 그런 증상을 가지고 있다는 사실을 전혀 몰랐다. 친구는 처음 경험하는 긴 비행이라는 어려움을 극복하며 자신에게 도전했던 것이다.
　그 친구 부부와 함께 만난 저녁식사 자리에서 해외여행을 즐기던 내가 뉴질랜드와 시드니 여행을 계획하고 있다고 했더니 그의 아내가 자기들도 데려가 달라고 간청했다. 친구가 미국 여행에서 자신감을 얻었던 점도 영향을 미쳤겠지만, 그녀가 집에 가서 별로 달갑게 생각지 않던 그를 열심히 설득했나 보다. 1995년 1월에 그 친구 부부와 함께 7박 8일 일정으로 뉴질랜드 남섬과 오스트레일리아 시드니 관광을 함께 떠났다. 시드니는 우리 부부가 이미 가본 도시였지만, 뉴질랜드 남섬은 첫 여행이었다.

여행 첫날, 뉴질랜드 북섬에 위치한 수도 오클랜드공항에서 남섬의 가장 큰 도시인 크라이스트처치로 향하는 비행기로 환승했다. 친구는 긴 시간의 비행을 잘 견뎌내었다. 그도 비행기 타는 데 자신감이 생겼다고 자랑이 대단했다. 여행 계획은 모두 내가 세웠지만, 현지에서의 관광은 운전 시간이 너무 길어 미니밴과 함께 기사를 채용했다. 크라이스트처치는 이민 초기 단계에 영국인 이민자들이 옥스퍼드와 지형이 비슷해 보이는 그곳에 옥스퍼드의 대학교 중 한 곳의 이름을 따서 붙였다고 한다. 한가하고 아름다운 곳이었다.

크라이스트처치에서 데카포 호수, 푸카키 호수를 거쳐 대자연의 위엄을 느낄 수 있는 뉴질랜드 최고봉 마운트쿡을 구경했다. 푸카키 호수를 거쳐 마운트쿡으로 가는 길은 뉴질랜드에서도 가장 유명한 드라이브 코스다. 마운트쿡 국립공원에는 3천 미터가 넘는 산이 23개나 있고, 여름인데도 생애 처음으로 커다란 빙하를 볼 수 있었다. 길이가 27킬로미터나 되는 태즈먼 빙하Tasman Glacier는 정말 웅장해 보였다. 미국의 큰 호수들과는 달리 여러 개의 작고 아름다운 호수들이 이루어내는 풍광은 또 다른 감동을 주었다.

다음 일정은 퀸즈타운이었다. 퀸즈타운은 크라이스트처치보다도 더 아름다운 타운이었다. 타운 중심에 위치한 아름다운 와카티푸 호수 주변을 따라 드라이브했다. 다음 향한 곳은 테아나우를 거쳐 뉴질랜드 남섬 여행의 종착지인 밀포드 사운드였다. 밀포드 사운드로 향하면서 테아나우에 위치한 캠핑장에서 바비큐 파티를 하기도 했다. 친구 부부는 여행하면서 바비큐 파티를 처음 경험했다고 하면서 감동했다. 밀포드 사운드에는 크루즈가 출발하는 선착장밖에는 아무것도 없었지만, 경치만큼은 대단했다. 2시간가량의 크루스를 나선서 쉬어지는 길벽과 폭포들을 감상했다. 우리 부부는 이미 미국 옐로우스톤 국립공원이나 요세미티에서 그와 비슷한 풍광을 본 적이 있지만, 친구 부부에게는 완전히 새로운 세상이었다.

그런데 친구에게 한 가지 문제가 있었다. 일상생활에서 자기가 즐겨하는 한국 음식 이외의 모든 음식을 거부한다고 했다. 식당에 갈 때마다 주인의 양해를 얻어 친구만 별도로 한국에서 준비해 간 식사를 하고는 했다. 관광 후 저녁식사 시 세 사람이 뉴질랜드의 전통 음식인 '항이지열을 이용해 고기와 야채를 익혀 먹는 요리'를 먹는데 그가 "나도 한번 시도해 볼게"라고 하면서 한두 점 먹더니 우리보다 더 많이 먹었다. 그 후에도 준비해 온 한식을 따로 먹었지만, 양식도 제법 시도했다. 부인의 놀라는 모습이 지금도 아련히 떠오른다.

뉴질랜드 남섬 여행을 마치고 시드니로 향하는 비행기에 탑승했다. 비행 도중 센 바람이 불어 비행기가 1시간가량이나 계속 요동을 쳤다. 그런데 뒷자리에 앉아 있던 친구가 요동치던 긴 시간 내내 내 어깨를 두 손으로 꽉 붙들어 그 부위가 벌겋게 변했을 뿐 아니라 내 셔츠가 찢어지고 그의 손에서 난 땀으로 흥건히 적셔졌다. 그제야 친구 부인이 남편의 폐소공포증에 대해서 실토하는 것이었다. 정말 그의 폐소공포증이 대단히 심하다는 걸 알았다. 비행기에서 내릴 때 친구는 완전 녹초 상태였다. 그 힘든 걸 어떻게 견뎠을까?

시드니에서도 1박하는 동안 하버브릿지, 오페라 하우스, 시드니 타워, 많은 음식점과 상가들이 모여 있는 달링하버 등지의 관광은 친구 부부에게 또 다른 추억을 남겨준 여행이었다. 시간이 충분치 않아 하버브릿지를 걸어서 관광하는 코스를 함께할 수 없었던 것이 못내 아쉽다.

이 여행은 자신감을 찾아가는 여정이었다. 그는 폐소공포증을 극복하며 새로운 경험을 통해 자신에 대한 자신감을 키우고, 세계를 탐험하며 성장하는 데 큰 발판이 되었다. 알버트 아인슈타인의 말처럼, 인생은 탐험할 가치가 있는 여행이며, 이 여행은 친구에게 그 가치를 깨닫게 해준 특별한 여정이었다. 비행기 탑승 시간도 길었지만, 미니밴으로 여행한 거리가 2천 킬로미터가 넘었다. 친구는 긴 시간의 해외여행에 대해 더욱 자신감을 얻고, 부부가 우리 가족여행에 수년간 함께했다.

환갑여행을 위한 철저한 사전 계획

요즈음은 대체로 환갑잔치를 하지 않고 국내 또는 해외여행으로 대체하는 경우가 많다. 우리 부부는 모처럼 2주 휴가를 내고 이탈리아를 일주하기로 했다. 아내보다 1살 연하인 나의 생일을 끼고 다녀오는 12박 13일 일정이다. 모처럼의 뜻깊은 장기 여행이라 6개월 전부터 계획에 착수하여 휴일날 시간이 될 때마다 준비했다. 2011년 11월 23일에 출발하여 12월 5일 귀국하는 일정이다. 로마 3박 4일, 피렌체 2박 3일, 밀라노 3박 4일, 베니스 무박 1일, 나폴리와 폼페이 1박 2일, 쏘렌토와 카프리섬 2박 3일, 포지타노, 아말피 무박 1일의 일정이다. 코모, 돌로미티, 제노아, 친퀘테레 5개 절벽 마을들도 꼭 방문하고 싶었지만 일정상 다음 기회로 미루기로 했다.

계획을 짤 때 이탈리아 여행 관련 책자 2권, 인터넷의 트립 어드바이저TripAdviser.com, TV의 '걸어서 세계 속으로'와 '세계테마기행'을 참고했다. 호텔 예약은 부킹닷컴Booking.com에서 했다. 평소 비행기표 예약과 구매는 익스피디아Expedia.com를 활용했지만, 그때는 대한항공 인터넷 사이트에서 했다. 호텔은 체류하는 모든 도시의 중앙역에서 도보로 5분 이내의 거리에 위치한 3성급으로 예약했다. 도착하고 떠날 때 무거운 짐들을 끌고 걸어야 하고, 매일 관광지로 출발할 때 중앙역에는 항시 지하철, 트램 및 버스 정류장이 함께 있기 때문이다.

로마 비행장에서 시내 중앙역까지의 왕복은 레오나르도 급행 Leonardo Express을 이용했다. 이탈리아 큰 도시에는 지하철이 있거나 트램과 버스를 탈 수 있기 때문에 렌터카나 택시를 이용할 이유가 전혀 없다. 도시 간 이동에는 유레일Eurail이 있어 미리 표를 구매할 수도 있었지만, 그러지 않았다. 비수기에는 할인제도가 있어 출발지 역에서 직접 구매하는 것이 더 저렴하다는 것을 알기 때문이었다.

각 도시의 중앙역에 도착하자마자 구내 관광안내소에서 지하철 및 트램 노선도가 그려진 지도와 그 도시의 대중교통을 무한대로 이용할 수 있는 24시간, 48시간, 72시간 등 교통 패스Pass Transit를 구해 두었다. 당시 각 도시의 교통 패스는 유료 관광지 3곳까지 무료, 그 이상은 50% 할인 입장하는 매우 유용한 혜택이 있었다. 베니스의 경우는 섬 내 이동과 각 섬을 연결하는 수상 바포레토작은 여객선를 무료로 활용할 수 있는 패스이다. 각 도시의 복잡한 버스 노선도는 한국에서 미리 인쇄한 것을 가지고 갔다.

각 도시에서 꼭 가야 할 관광지는 검정색, 시간이 되면 방문할 곳은 빨간색으로 표시했다. 세부 여행계획을 짜기 위해서는 이미 개발되어 있던 구글 지도를 PC에서 열어 우선 방문 예정지들을 모두 즐겨찾기로 저장했다. 도시 전역으로 축소 표시한 다음 즐겨찾기 표시들을 적절히 그룹핑하여 일자별로 나누었다. 그런 다음 첫 번째 방문지까지 어떤 대중교통을 이용할지를 정하고, 다음 방문지부터는 걸어서 또는 대중교통으로 얼마나 걸릴지, 구경하는 데 소요되는 예상 시간을 정해서 상세한 일정을 짰다.

그때만 해도 개발된 스마트폰앱이 그리 많지 않았지만 구글 지도 앱은 GPS의 오차 범위가 1미터 이내였다. 국내 지도 앱의 경우 걸어가면서 사용하면 간혹 10미터 이상 엉뚱한 곳을 가리키기 때문에 길을 잃을 수도 있었지만, 구글 지도는 그런 일이 일어나지 않았다. 이탈리아 각 도시는 대부분의 관광지가 미로였는데 길 잃은 적이 한 번도 없었다.

경우에 따라 관광버스를 이용해야 하는 경우도 있었다. 로마의 첫 관광 일정으로 중앙역 근처에서 출발하는 로마 버스투어를 미리 예약해 두었다. 아내와 함께 이탈리아 수도에서의 전체적인 느낌을 먼저 공유하기 위해서였다. 소렌토에서 포지타노와 아말피를 다녀오는 길 역시 관광버스를 이용했다.

여행할 때 가장 중요한 요소는 그 나라에서 먹고 싶은 음식을 정하는 일이다. 따라서 일정을 짤 때 식당을 정하는 것이 매우 중요하다. 아침은 대부분 호텔에서 해결했지만, 점심이나 저녁은 특별히 가고 싶었던 곳이 아니라면 매 식사 시마다 2~3군데를 미리 정하고 실제 여행 시 상황에 따라 그중에서 택일하는 방식을 채택했다.

이제 계획은 수립되었다. 다음 할 일은 여행 준비물 체크다. 당시만 해도 스마트폰의 사진기 기능이 뛰어나지 않아 작은 고성능 카메라와 가벼운 거치대를 가지고 갔다. 여행할 때마다 한식은 거의 먹지 않는데 비상시를 대비하여 항시 물을 끓일 수 있는 작은 전기 포트, 라면과 진공포장 김치 몇 개를 가지고 간다. 비상식량을 먹지 않고 버리고 온 적도 많았다.

다음은 인터넷에서 기후를 미리 확인한 후 날씨에 걸맞은 의류를 준비한다. 이탈리아는 예상한 날씨보다 더 추웠다. 마침 밀라노에서 관광하던 중 독일 접경 지역에 위치한 유명 아울렛을 왕복하는 관광버스를 발견하고 당초 계획을 바꾸어 그 버스를 탔다. 아울렛에서 구입한 아내의 오리털 코트는 추운 날씨를 이기고 즐거운 여행을 하는 데 큰 도움이 되었고, 10년을 훌쩍 넘긴 지금까지 잘 입는다. 이처럼 당초 계획에서 상황에 따라 변경하는 경우도 있었다. 특히 식당의 경우가 그렇다. 지나가다가 손님이 유난히 많은 식당을 발견하면 음식 종류를 확인하고 들어선다. 그러면 실패가 거의 없다.

스마트폰 이외에 가벼운 노트북과 외장하드는 필수품으로 지니고 다녔다. 사진과 동영상 작업을 위한 것이기도 하고, 급한 업무를 처리해야 하기 때문이었다. 요즈음 유행하는 워케이션Workation=Work+Vacation을 그때 이미 했던 셈이다. 요즈음은 스마트폰 카메라의 해상도도 좋아지고, 위치를 켜고 다니면 위치와 일시가 자동으로 저장되어 편리하다. 당시엔 해상도가 낮아서 고성능 사진기를 주로 사용했는데 저녁 때 호텔에 돌아와 사진이나 동영상을 사진기에서 외장하드에 이동하면 위치와 시간이 자동으로 저장되었다. 스마트폰 카메라의 품질이 엄청 좋아진 요즘도 스마트폰 저장공간을 가득 채우는 사진과 동영상을 외장 하드디스크로 이전하기 위해 노트북은 필요하다.

　이제 출발하기만 하면 된다. 아! 우리 부부가 얼마나 기다렸던 여행인가. 출발하던 날의 설렘이 지금도 뚜렷한 기억으로 남아 있다.

가장 기억에 남는 여행

2011년에 내 환갑 생일을 끼고 11월 23일부터 12월 5일까지 12박 13일 일정의 이탈리아 일주 부부 여행을 다녀왔다. 그때는 마침 비수기라 비행기 요금을 포함하여 여행 비용이 제법 저렴했다.

11월 23일 오후 9시 5분에 인천공항을 출발하여 당일 오후 10시에 로마에 도착했다. 로마는 대중교통이 지하철과 버스 이외에 트램 노선이 아주 많다. 가는 곳마다 길도 미로로 되어 있어 가이드 없이 찾아다니기가 힘든 도시이다. 그 당시 이미 구글 지도는 GPS의 오차 범위가 1미터도 되지 않고 대중교통 이용을 위한 안내도 잘해 주었다. 지금보다는 젊어서였던지 계획했던 곳 거의 대부분을 세세히 방문할 수 있었다. 특히 미리 계획해 둔 이탈리아 전문식당들을 섭렵한 것이 너무나도 즐겁고 커다란 행복감을 주었다.

그런데 일이 생겼다. 로마의 지하철역에서 아내가 먼저 열차 출입문으로 들어가는데 갓난 아기를 업은 12~13살쯤 되어 보이는 여자아이가 열차 안에서 급히 뛰어나오면서 아내의 가방을 낚아채려는 것이었다. 그 모습을 보자마자 "여보, 가방!"이라고 외치는 바람에 가방을 지킬 수 있었다. 그리고는 바로 출입문이 닫히고 열차는 출발했다. 열차의 출입문이 닫히기 바로 직전에 탑승하는 여행객의 가방을 노린 소매치기 수법인 것이다. 여자아이가 업고 있던 아기는 인형이었던 것 같다.

  그 후에 더 심한 일이 생겼다. 로마 여행을 마친 후 피렌체로 향하는 기차표를 구매하고 개찰구로 가고 있는데 누군가 내 어깨를 심하게 치고 지나갔다. 그 사람을 향해 돌아보는 순간 아차 싶어 주머니를 확인해 보니 지갑이 없다. 그래서 그 사람을 향해 큰소리로 외치니 내 앞에 지갑이 떨어져 있었다. 지갑을 집어들고 개찰구를 지났다.

  곧 이어 더 심각한 일이 발생했다. 플랫폼에 도착하니 이전 열차가 아직 출발하지 않고 있었다. 어차피 빈자리도 많으니 그 열차를 타면 피렌체에 그만큼 일찍 도착할 수 있다는 순간적인 욕심에 아내에게 "이 기차를 타자"라고 외치고는 아내 손을 휘어잡고 내가 먼저 탔다. 아내가 곧 이어 탈 때 출입구가 닫히는 바람에 아내 몸이 출입문 사이에 끼어 끌어당겨서 겨우 열차 안으로 들어올 수 있었다. 이를 본 승객들이 박수를 쳐댔다. 만일 아내가 조금이라도 더 늦어 타지 못했더라면 어떻게 되었을까? 다시 생각하기도 겁나는 아찔한 순간이었다.

  놀란 가슴을 가라앉히고 빈자리를 찾아 앉은 다음 지갑을 열어 보았다. 돈은 다 없어졌다. 로마에서 호텔 금고에 보관했던 돈을 아내와 내 지갑에 나누어 넣어두었는데 그만 내 지갑에 있던 100유로 지폐 2장을 포함한 돈이 몽땅 사라진 것이다. 우리 부부는 그 이전에도 유럽 여행을 자주 했었다. 유럽 유명 여행지를 방문할 때는 항시 그 도시에 사는 집시들의 소매치기를 조심해야 한다는 것을 잘 알고 있었음에도 순간적인 실수로 인해 처음 당한 일이다.

피렌체행 열차표를 구매할 때 지갑을 열어 100유로 지폐를 꺼냈다가 다시 넣고 소액 지폐를 찾아 지불하고 그 지갑을 다시 안주머니에 넣는 것을 집시 소매치기가 본 것이다. 소매치기는 최소한 2명 이상의 팀으로 움직인다. 한 친구가 내 어깨를 치고 지나가고, 놀란 내가 그 친구를 돌아볼 때 다른 친구가 내 주머니의 지갑을 꺼낸 것이다. 신속하게 지폐만 뺀 다음에 다시 내 앞에 빈 지갑을 던졌다. 내가 그 상황을 느낄 수도 없는 찰나에 일어난 일이다.

베니스를 거쳐 나폴리에서 길을 걷고 있는데 한국전에 참전했던 노인 두 분을 만나서 즐겁게 대화한 적이 있다. 이야기의 시작은 한 노인이 내가 배낭을 어깨 뒤에 메고 가는 것을 보고는 한국인 여행객이냐고 묻는 것이다. 그렇다고 하니 나폴리는 이탈리아 내에서도 소매치기가 가장 성행하는 곳이니 배낭을 앞으로 메고 다니라는 것이다. 그때 '정말 한국만큼 안전한 나라가 얼마나 될까?'라는 생각과 함께 한국인으로서의 자부심을 느꼈다.

한 가지 문제가 또 생겼다. 나폴리와 폼페이를 관광한 다음 쏘렌토에 도착하여 역에서 택시를 타고 예약한 호텔에 도착하니 폐업을 한 것이다. 기가 막혔다. 기사에게 다른 좋은 3~4성급 호텔을 소개해달라고 했더니 5분 거리에 있는 더 좋은 호텔로 안내해 주었다. 미리 예약하지 않아 값이 걱정되었는데 웬걸? 비수기라 그런지 예약했던 호텔의 숙박비와 비슷했다. 훨씬 더 좋은 위치의 더

안락한 호텔에서 즐길 수 있었다. 나중에 확인해 보니 폐업한 호텔에 대한 예약금은 환불되어 있었다.

쏘렌토에서 카프리섬을 왕복한 다음 마지막 날은 관광버스를 타고 포지타노와 아말피라는 타운을 거쳐 다시 쏘렌토로 돌아와 바로 로마행 열차를 탔다. 로마로 돌아와 저녁 늦게 출발하는 한국행 비행기를 탔다. 사건이 많았기에 더욱 환갑 기념 여행다운 행복하고도 추억을 많이 쌓은 잊지 못할 여행이었다.

18세기 영국의 시인 사무엘 존슨Samuel Johnson은 "세상은 책이고, 여행하는 자만이 그 책의 페이지를 펼친다"라고 했다. 인간은 태어나면서부터 자유를 갈망하며 세계를 탐험하고자 하는 본능을 품고 있다. 세상은 우리에게 열린 책이다. 그 책을 펼치려면 발걸음을 내디뎌 세계를 돌아봐야 한다. 여행사가 미리 짜놓은 안전한 일정에서 벗어나 자유로운 발걸음으로 세계를 탐험하는 자유여행은 예상치 못한 일들로 가득하다. 어딜 가든 내 발자국이 그곳을 특별하게 만든다. 단순한 여행을 넘어 나만의 이야기를 쓰면서 자아를 발견하는 모험이기도 하다. 세상을 탐험하면서 얻은 새로운 경험은 지식의 문을 열어주고 여행자를 더욱 강인하게 만들어준다.

내 인생 최고의 여행

1978년 1월 말 미국 지사 발령으로 생애 첫 해외여행을 한 이래 가장 가고 싶었던 여행지가 북유럽이었다. 2012년 5월 31일부터 6월 13일까지 13박 14일 일정으로 북유럽 5개국 부부여행 계획을 세웠다. 핀란드 헬싱키 3박으로 시작하여, 스웨덴 스톡홀름 2박, 노르웨이 오슬로 2박, 베르겐 2박, 송네 피오르 무박1일, 덴마크 코펜하겐 2박, 마지막으로 네델란드 암스테르담 무박1일, 크루즈 배 1박, 비행기 1박하는 일정이다.

5월 31일 암스테르담 공항을 거쳐 헬싱키에 도착했다. 호텔에 도착하니 23시가 넘었다. 그다음 날 호텔 근처에 있는 원로원 광장과 헬싱키 대성당을 구경하고 있는데 군인들의 퍼레이드가 벌어져 알아보니 그날이 핀란드의 독립기념일이었다. 1917년 6월 1일, 핀란드 의회는 러시아로부터의 독립을 선포했다. 해변 항구에서 에스토니아 탈린을 무박 일정으로 왕복하는 정박해 있는 대형 크루즈선을 발견했다. 저녁에 호텔에 돌아와 인터넷 검색을 하니 탈린의 구시가지는 꼭 가봐야 하는 관광지라는 것을 알게 되어 그다음 날 일정을 탈린 관광으로 대체했다. 2000년대 초반에 싱가포르에서 생애 처음으로 5시간 동안 말레이지아 서안의 말라카 해협을 다녀오는 크루즈선을 타보고는 생애 두 번째 크루즈 여행이었다.

헬싱키에서 탈린까지는 크루즈 배로 2시간 거리였다. 탈린의 구시가지에서의 6시간은 특히 기억에 남는 일정이었다. 800년의 역사 속에 약 750년을 지배받았던 약소국가였지만 탈린의 구시가지는 중세 그대로 잘 보존되어 1997년 유네스코에 등재되었다. 속국으로서의 긴 역사 속에 숨어 있던 동화 같은 아름다운 중세 도시 탈린이 왜 '발트해의 진주'라고 불리는지 그 이유를 알게 되었다.

스톡홀름에서 가장 기억에 남는 볼거리는 스웨덴 왕궁에서의 근위병 교대식이었다. 5월부터 8월까지는 30명가량의 군악대까지 동원되는 멋진 이벤트였다. 참여하는 총인원이 70명이 넘어보이는, 경험했던 중 가장 큰 규모의 교대식이고 1시간 가까이 소요되는 감동적인 행사였다. 바다를 끼고 왕궁 맞은편에 위치한 국립미술관 역시 학교에서 배웠던 수많은 유럽 유명 화가의 그림과 조각을 직접 감상할 수 있는 멋진 여정이었다. 미술관 관람 후 나오니 바로 앞에 관광 페리가 있어 계획에 없던 1시간 가량의 승선도 멋진 추억을 남겼다. 유르고르덴 섬에서는 박물관을 관람하고 나오는데 바로 앞길에서 우연히 스웨덴 왕가의 긴 행렬을 보게 되었다.

오슬로 항에서는 마침 1920~1960년대까지의 구형 승용차, 오토바이, 버스, 트럭 200대가량이 전시되고 있었다. 노르웨이의 자랑인 노벨박물관을 놓칠 수는 없다. 2000년에 노벨평화상을 받은 김대중 대통령도 자리를 지키고 있었다. 오슬로 중앙역 근처에 위치한 바닷가 오페라 하우스는 매우 특이한 구조로 지붕을 걸을 수 있도록 설계되어 있어 기억에 남는다. 시청사를 관람하던 중 내부에 걸려 있는 뭉크의 큰 그림들을 보고는 뭉크가 노르웨이의 가장 유명한 화가라는 것을 알게 되었다. 그런데 베르겐에서 작지만 아름다운 호수 옆에 위치한 미술관이 뭉크의 작품들을 전시하고 있었다. 특히 〈절규〉라는 그림은 지금도 내 기억에 생생하다.

가장 기억에 남는 여정은 노르웨이 베르겐에서 아침 8시 40분에 기차로 출발하여 11시 50분에 플롬Flaam에 도착, 그리고 2시간 동안 페리보트를 타고 구경한 송네 피오르Songne Fjord 관광이었다. 베르겐으로 돌아오는 여정은 버스와 기차를 타고 약 3시간 반 걸렸다. 송네 피오르는 노르웨이에서 가장 길고 수심이 깊은가장 깊은 수심이 1,307미터나 됨 피오르이다. 세계에서도 두 번째로 긴 피오르이다.

코펜하겐에서는 인어공주 동상이 가장 우선이다. 바닷물 바로 위에 작게 조성된 동상 주변에는 수백 명 가량의 관광객들이 몰려 사진을 찍고 있었다. 기억에 남는 또 하나는 'NY-Carlsberg GLYPTOTEK'이라고 명명된 국립미술관이었다. 북유럽에서는 가장 많은 고흐, 고갱, 마네, 르느와르, 드가, 로댕 등 유명 화가와 조각가들의 그림과 조각품들이 끊임없이 나타났다. 그곳에서 우연히 30여 명의 남성 시니어 합창단의 멋진 공연을 들을 수 있었다. 대학 동기 중창단의 일원으로 지금도 열심히 연습하면서 간혹 공연도 하고 있는 나로서는 귀한 경험이었다.

암스테르담은 역시 반 고흐Van Goch미술관이다. 수도 없이 많은 고흐의 작품들은 생전에 판매된 그림이 1점밖에 없었다는 사실을 도저히 납득할 수 없을만큼 매료시켰다. 젊어서 아버지와 같이 목사의 길을 걸으려다 화가의 길로 새롭게 진입했다고 한다. 여러 지역을 헤매면서 정신병력과 함께 어렵게 살았던 그의 일생을 다시 한번 되새기게 되었다. 헤리티지 암스테르담Heritage Amsterdam이라는 지역을 걸으면서 렘브란트Rembrandt 박물관이 있다는 사실도 알게 되어 찾아간 것도 보람이 있다. 또 한 가지 특이한 경험은 하이네켄 맥주 본사를 방문한 것이었다.

19세기말 스코틀랜드 태생인 〈보물섬〉이라는 소설로 유명한 로버트 루이스 스티븐슨Robert Louis Stevenson이 "낯선 땅이란 없다. 단지 낯선 여행자만 있을 뿐이다", "희망차게 여행하는 것이 목적지에 도착하는 것보다 좋다"라고 말했다. 새로운 여행지란 낯선 곳이 아니라 잊지 못할 추억과 행복을 선사해 주는 곳이다. 새로운 곳을 만나고, 새로운 사람들을 만나고, 새로운 문화를 경험하는 것은 우리의 삶에 활력과 새로운 시각을 불어넣어 준다. 그래서 새로운 여행지로 여행을 떠나기 전, 우리는 항상 설렘과 기대감으로 가득 찬다.

환갑 기념으로 아내와 함께 한 이탈리아 일주 여행이 그 의미와 여러 사건으로 인해 가장 기억에 남는 여행이었다면, 북유럽 여행은 잊지 못할 추억과 행복을 선사한 내 인생 최고의 여행이었다.

스마트폰 하나로 떠나는 해외여행

과거에는 영어나 현지어를 잘 모르면 가이드를 따라가는 패키지여행이 아닌 자유여행을 한다는 것이 쉽지 않았다. 그러나 이제 인공지능의 엄청난 발전으로 인해 영어나 현지어를 구사할 줄 몰라도 스마트폰 하나만 가지고 해외 자유여행을 할 수 있게 되었다. 구글 지도를 활용하면 이 세상 어느 곳에서나 렌터카를 이용하든 대중교통을 이용하든 걸어 다니든 한국어로 길을 찾아다닐 수 있다.

구글 어시스턴트의 경우 스마트폰이 꺼진 상태에서 "헤이 구글"이라고 명령하면 앱이 자동으로 켜지고 바로 "영어 통역" 하면 한국어와 영어를 동시통역해 준다. 2023년 현재 44개 언어에 대한 동시통역을 해주는데 그 수는 점점 늘어날 것이다. "100제곱미터가 몇 평이야?", "100유로가 몇 원이야?", "마하트마 간디가 누구야?", "내일 이탈리아 로마 날씨가 어때?" 등의 질문을 던지면 즉시 디지털 음성으로 답을 준다. 읽을 필요도 없이 들으면 된다.

구글 번역은 세계 133개의 언어로 번역을 원활하게 수행해 줄 뿐 아니라 번역의 품질이 매우 높아져 한국어로 현지인들과 원활한 교신을 할 수 있게 되었다. 현지 식당의 현지어 메뉴나 도로의 현지어 표지판에 스마트폰 카메라를 대고 있으면 한글로 즉시 번역되어 보여준다. 현지어 안내문을 사진 찍으면 즉시 한글로 번역해 준다.

  이제는 챗GPT나 구글 바드에 "이탈리아 로마에서 박물관과 미술관을 포함하여 가볼만한 곳 10군데 소개해 줘", "호프부르크 궁의 연혁과 역사에 대해서 알려 줘"라고 질문을 던지면 즉시 상세하고도 함축성 있게 알려준다. 여행지별로 원하는 조건들을 제시하면 즉시 가장 걸맞은 음식점들을 추천해 준다. 검색엔진에 들어가 복잡하게 여러 가지를 확인해 볼 필요도 없다. 비행기표나 자신이 원하는 타입의 호텔 예약도 문제가 없다.

  여행지에서 스마트폰 카메라로 찍은 수많은 사진과 동영상은 간단하게 배울 수 있는 무료 동영상 제작 앱을 활용하면 사진마다 중요한 내용의 자막을 달고 여행지에 걸맞은 좋아하는 음악을 배경에 넣어 동영상을 만들 수 있다. 언제든지 스마트폰 화면을 대형 TV로 미러링해서 가족들과 함께 즐길 수 있다. 이것이 진정한 여행의 묘미가 아닐까?

  과거 해외 자유여행이란 언어가 소통되는 사람들의 전유물처럼 인식되었다. 그러나 이제 인공지능의 급격한 발전으로 우리에게 새롭게 주어진 행복의 원천을 찾아 내가 원하는 곳으로 사랑하는 사람들과 함께 떠나보자.

제4장

가족

요리사 군인 아버지

아버지는 어려운 집안에서 태어나 수원고등농림학교1946년에 서울대학교 농과대학으로 합병를 졸업하고 6·25 전쟁 직전에 육군사관학교 특8기병기 병과로 1949년 임관. 5·16 군사정변의 주도세력이었던 8기와 같은 해 임관로 장교 임관했다. 6·25 전쟁이 일어나자 대포, 각종 포탄 등 병기를 제작하기 위해 군 당국에서 부산에 있는 가장 큰 철공소를 압류하여 운영하는 책임자로 파견되었다. 그 무렵 계급은 대위였다. 당시 사진을 보면 정말 내가 봐도 핸섬 가이였다.

그 철공소 주인은 당시 제품을 납품하려고 대구에 갔다가 이북에 납치됐거나 돌아가신 것으로 추정되는 내 외할아버지였다. 부산 중심가에 작은 백화점도 운영했고, 어머니가 졸업한 N여고의 이사장직도 겸임했다.

외할아버지의 음덕도 있었으리라 생각하지만, 어머니는 고등학교를 2년이나 월반했다. 오랜 기간 피아노를 배웠던 어머니는 미국인 선교사의 도움으로 미국 유학을 떠나 피아노 전공을 하겠다는 포부를 가지고 있었다.

외할아버지가 행방불명되며 외할머니가 모든 사업의 책임자가 되었다. 외할머니는 후에 기업가로서뿐 아니라 정치인으로 명성을 얻은 분이다. 철공소 책임자로 부임한 아버지를 유심히 보신 외할머니는 용단을 내려 유학 가기를 원하던 아버지보다 9살 연하인 16살 어린 나이의 어머니를 아버지와 결혼시켰다. 그리고 1951년에 내가 태어났다.

아버지는 군부의 요직에 근무해 우리 집에는 선물이 많이 들어왔다. 주로 맛있는 케이크였다. 케이크의 아랫부분에는 거액의 뇌물이 숨겨져 있었다. 청렴한 아버지와 세 아이를 유복하게 키워야 하는 어머니 사이에는 그때마다 심한 부부싸움이 일어났다. 왜 챙겼냐, 왜 못 챙기냐의 싸움이다. 아버지는 뇌물에 관한 한 철저히 거절했다.

아버지가 주말이나 한가한 때면 여러 가지 요리를 하는 등 부엌일을 많이 하셨다. 청렴의 상징인 아버지가 자랑스러웠지만, 부엌일 잘하시는 아버지는 창피하기 짝이 없었다. 친구들에게는 일체 비밀이었다. 그 당시의 아버지들은 근엄하고 가부장적이었기 때문이다.

우리 세대의 남자들도 대부분 부엌일과는 거리가 멀게 살아왔다. 그런데 웬일인가? 우리 가족이 모두 1978년 초에 미국으로 이주하여 살았는데 누가 시킨 적도 없이 자연스럽게 내가 부엌일을 시작하게 된 것이다. 1년 내내 날씨가 쾌청한 로스앤젤레스에 살면서 매 주말이면 아내와 큰아들과 함께 캠핑하러 가서는 내가 모든 일을 다 담당했기 때문일 것이다. 그 습관은 한국에 돌아와서도 지속되었다.

귀국해서는 아내가 대형 법무법인 대표의 비서로 일했기에 바쁘기도 했지만, 내가 좋아서 일요일 아침 식사는 주로 내가 담당했다. 두 아들은 일요일엔 깨워도 잘 일어나지 않았다. 교회 가기 위해 아침 준비를 끝내고 아내가 일어나지 않는 두 아들에게 "너희들 좋아하는 카레라이스를 만들었으니 일어나 밥 먹어"라고 하면 아이들은 으레 "누가 만들었어?"라고 물었다. "아빠가 했어"라고 하면 바로 일어나 식사를 했다.

나이 든 요즈음도 음식은 주로 내가 담당한다. 스파게티, 카레라이스, 오므라이스, 김치찌개, 파전, 김치전, 만두, 김밥 등은 내 전문이다. 특히 스파게티는 우리 동네에서도 유명하다. 스파게티를 만드는 날은 이웃들과 나누어 먹는 날이다. 우리 텃밭에서 거두는 배추와 무로 김장할 때도 아내와 함께한다. 요즈음도 음식을 준비하면서 예전 가부장적인 시절 부엌일을 즐겨하시던 아버지를 떠올리며 감사를 드린다. 아버지는 친지들과 만나시면 농담도 잘했다. 그런데 왜 나는 그 유전인자는 물려받지 못했을까?

아버지는 1980년대 초에 어머니와 함께 미국으로 이민을 갔고, 1990년대에 C형 간염 진단을 받았다. C형 간염은 일반인들이 많이 걸리는 B형 간염과는 달리 치료제가 없다고 한다. 아버지도 처음 진단받을 때는 2000년을 넘겨 사시기 어려울 것이라고 했다. 오랜 기간 병으로 고생하셨지만, 점차 그 시한을 넘기고 2016년 말에 저세상으로 가셨다. 떠나실 때도 편안한 모습으로 가셨다고 한다. 웬만한 일에는 스트레스를 심하게 받지 않는 원만하고도 조용한 성격 탓도 있었으리라.

군 중령 출신이었기에 아버지를 미국에서 장례를 치른 뒤 현충원에 모시려 했다. 그런데 동작동 국립묘지 봉안실은 이미 가득 차서 장군 출신만 안장할 수 있고, 아버지는 대전 현충원에 안장해야 한다고 했다. 아버지는 2등급인 을지무공훈장과 3등급인 충무무공훈장 2개를 받았기 때문에 다행히 동작동에 모실 수 있었다. 동작동 현충원에 모시니 얼마나 좋은지 모른다. 모든 관리를 정부에서 해주고 명절 때마다 방문할 때 예약만 하면 추모식을 할 수 있는 방까지 마련해 준다. 앞으로 어머니가 돌아가시면 그곳에 함께 모시면 된다.

엘렌 라콘테가 쓴 《헬렌 니어링, 또 다른 삶의 시작》이라는 책에 "아름다운 죽음이란 아름다운 삶의 결과"라는 문구가 있다. 그 책의 서문에서 "잘 보낸 하루가 행복한 잠을 가져오듯이, 잘 보낸 삶은 행복한 죽음을 가져온다"라는 레오나르도 다빈치의 말을 인용했다. 아버지는 역시 아름다운 삶을 살았군요, 감사합니다.

무너짐이 주는 자유

중학생 때 아버지는 육군 중령으로 예편하고 충청북도 충주 근처에서 철광산 사업을 시작했다. 국민학교 지금의 초등학교 6학년 때 일본에서 라면을 가져온 적이 있다. 얼마나 맛이 있던지. 여러 가지 사업 구상을 했겠지만, 라면 제조업보다 광산업이 더 좋다고 판단하셨던 모양이다.

방학 때 그 광산을 몇 번 방문한 적이 있다. 한번은 아버지가 없는 자리에서 그곳 광부들과 함께 저녁식사를 했다. 그날은 식사 메뉴가 뱀고기 구이였다. 나는 그때까지 뱀고기 근처에 가본 일이 없었다. 메슥거려서 도저히 못 먹을 것 같았는데 못 먹는다고 투정 부리면 아버지 체면을 구길 것 같아 토할 것 같은 걸 억지로 참고 먹었다.

아버지는 S중·고등학교에 입학한 나를 항상 자랑스럽게 생각하셨다. 클래식 음악에 심취해 있던 내게 당시로서는 매우 값비싼 전축과 클래식 레코드 원판을 여러 장 사주기도 하셨다. 노는 일에 열중하여 성적이 계속 떨어지다가 고등학교 2학년 말부터 열심히 공부를 시작하자 내가 원하는 대학교 상과대학에 합격하면 오토바이를 사주겠다고 약속하셨다. 당시 오토바이는 요즈음 고급 승용차와 같은 수준의 선물이었다. 물론 그 약속 때문에 열심히 공부하게 된 것은 아니었지만.

드디어 기다리던 입학 시험이 3일에 걸쳐 치러졌다. 1, 2일차에는 부모님이 함께 시험장으로 와서 기다려주셨다. 그런데 웬일인지 마지막 3일차에는 부모님 대신 작은아버지가 기다리고 계셨다. 작은아버지는 내가 시험장에서 나오자 "시험 잘 쳤지? 오늘은 아버지 대신 내가 축하해 주려고 나왔다"라고 하셨다. 작은아버지는 안암동 소재 시험장에서 나를 태우고 운전하면서, "명동에 있는 맞춤 양복점에서 네 양복을 맞춰줄 거야. 아버지한테 들어서 네가 술과 담배를 이미 하고 있다는 것을 알고 있단다. 담배는 곤란하지만 작은아버지와 오늘 술 한잔하자"라고 하셨다.

저녁식사와 함께 술을 권하면서 "동익아, 놀라지 마라. 아버지가 하시던 사업에 문제가 생겨 큰 손해를 보고 문을 닫게 되었단다. 그래서 아버지가 약속한 오토바이 대신 내가 최고급 양복을 맞춰준 거야. 잘 입어라"라고 하셨다. 청천벽력이었다. 그러나 계속 절망 속에 빠져있을 수는 없었다. 합격 발표가 난 2주 후부터 같은 교회에 다니던 고등학교 2년 후배를 가르치기 시작했다. 학부모들의 입소문으로 점차 인기를 얻어 동시에 네 팀까지 가르치게 되었고, 수입도 신입사원보다 많았다. 간혹 결혼식에서 플루트 축가를 불어주면 한 팀을 가르치는 한 달 치 수입보다 많은 경우도 있었다. 대학 4년간 수업료도 장학금으로 면제받았다.

집에 생활비 일부를 지원하고도 억척같이 모아서 대학 3학년 말쯤 1970년대 초부터 우리나라에서 처음으로 짓기 시작한 작은 아파트 하나를 구입할 수 있을 만큼 되었다. 마침 대학 동창회의 업무를 지원하는 도우미 역할을 하게 되었다. 당시 동창회 업무를 총괄하는 여자 선배가 내게 중요한 제안을 했다.

"너 참 기특하구나. 마침 남편이 사업을 새로 시작하게 되어 돈이 필요하니 네가 모은 돈을 내게 맡기면 사채 이자에 준하는 이자를 주고 네가 필요할 때면 언제든지 이야기하려무나. 내가 갚아주마."

선배의 남편 역시 대학 대선배로서 국내 대기업의 중역이었다. 안심하고 맡겼고, 이자 또한 고금리로 꼬박꼬박 추가되고 있었다.

그런데 ROTC 훈련을 끝내고 군부대에 근무하던 중 그 선배와 연락이 끊겼다. 동창회에 전화했더니 그분은 남편이 사업을 하다 부도가 나는 바람에 연락이 되지 않는단다. 또 한 번의 청천벽력이었다. 시간 날 때마다 수소문하여 결국 그 가족이 남산 중턱의 난민촌에 살면서 고생하고 있다는 것을 알게 되었다. 주소지로 찾아갔지만 그분을 만나고 나서는 회수할 것을 포기하고 말았다. 아버지에 이어 나도 결국 전 재산을 잃는 첫 부도를 경험하게 되었다. '무너짐은 나를 진정한 자유로운 존재로 만들어줄 것이다. 좋다. 또 새로 시작해 보자.'

부도와 파산, 그리고 역경을 헤쳐나가는 과정을 다룬 이상의 시집 《무너지다》를 읽은 적이 있다. 여러 시들 중 다음 시가 기억에 남는다.

한 점부터 주어진/ 모든 것이 무너지고/ 떨어지고 붕괴되는 것…/ 흩어져버린 것은/ 그저 자유로워진 것일 뿐…/ 그 무너짐은/ 나를 진정한 자유로운 존재로 만들어줄 것이다.

아버지의 무너짐에 이어 억척같이 모았던 나의 전 재산을 날린 무너짐은 말로 표현 못할 심적인 타격을 주었다. 그러나 그 붕괴로부터 자유로워지자 내 삶은 이전보다 더 활기찬 모습으로 바뀔 수 있었다.

역시 우리 어머니

아버지 회사의 부도 후 어머니는 동대문 시장에서 큰이모가 운영하던 각종 침구류 도·소매를 하는 커다란 점포에서 일했다. 점포의 비좁은 공간에서 일하는 재봉사들을 도와 하루 종일 이불과 커튼을 만들었다. 당시에는 전동 재봉틀이 흔치 않던 시절이라 발로 수도 없이 밀고 당기기를 계속해야 했다. 매일 아르바이트를 끝내고 저녁에 버스에서 내려 작은 산꼭대기에 있는 집으로 걸어올라갈 때 간혹 터벅터벅 힘겹게 걸어 올라가는 어머니를 만나면 안타깝기 짝이 없어 몰래 눈물을 닦은 적도 있었다.

어머니는 그때도 키가 169센티미터로 늘씬하셨다. 처녀 때 부산 해운대 해변에서 찍은 수영복 차림의 사진을 보면 꼭 미스코리아 같았다. 내가 국민학교 3학년 때부터 서울 명동 한복판에서 대형 다방을 한 적이 있다. 가끔 학교 끝나고 놀러 가보면 수많은 손님을 직접 맞이하고 함께 대화하는 모습을 보며 장사 수완이 남다르다는 걸 느낄 수 있었다. 국민학교 4학년 때 담임선생님 호출로 학교에 갔을 때 내가 구구단도 못 외우고 학업을 제대로 쫓아가지 못한다는 지적을 받은 것 때문에 수입이 좋던 다방을 과감하게 정리했다.

간혹 아버지가 "오늘 저녁 7시경 직장 동료 5명 데리고 저녁식사하러 집으로 갈게"라고 2~3시간 전에 전화하면 그 짧은 시간에도 정찬을 멋있게 차려낼 정도로 음식 솜씨가 좋아 아버지 주변 사람들에게도 인기가 높았다.

숙련하기에는 좀 짧은 기간이라고 생각되지만 2년여 재봉을 배운 어머니는 부족한 자금을 빌려 버스 정류장 뒤편의 작은 2층 건물을 매입하고 그곳 2층에서 커튼과 이불 등 침구류 제조 판매사업을 시작했다. 어머니는 제조와 판매를, 아버지는 총무, 구매, 재무 등 뒤치다꺼리를 모두 담당했다. 어머니의 가까운 친구들 중에는 재벌이나 국내 유명 인사들의 부인들도 있었다. 첫 1년여 사업 초기엔 여러 문제로 고생하시더니 매출 규모가 빠른 속도로 늘어났다. 대학에 입학하기도 전에 시작했던 아르바이트로 번 돈 일부를 생활비로 보조했었는데, 대학 3학년 때쯤부터 그러지 않아도 되었다.

미국 지사 발령이 나서 1978년 1월 말부터 로스앤젤레스로 이주하여 살게 되었다. 부모님이 그때 우리 집을 방문했다. 당시 어머니는 심한 재봉일 때문이었는지 무릎 관절이 좋지 않아 고생하고 있을 때라 약을 한다발이나 가지고 와서 매끼마다 드셨다. 그런데 며칠 되지 않아 "이곳은 건조해서 그런지 약을 안 먹어도 관절이 안 아프네"라고 하면서 약을 끊으셨다. 디즈니랜드를 비롯해서 좋은 곳들을 섭렵하고, 약 없이도 잘 걸으셨다. 그러더니 돌아갈 때 "로스앤젤레스로 이사와 살아야겠다"라고 하시는 것이었다.

1979년 1월부터 뉴욕으로 옮겨 살게 되었는데 1981년 봄에도 부모님이 함께 약 2주간 나의 뉴저지 집을 방문하셨다. 그때는 뉴욕에서 양식기 판매를 독점하던 선배 대리점 사장이 부모님 잘 모시라고 새로 구매한 최신형 캐딜락 리무진을 1주일간 빌려주었다. 한국에서는 대통령이나 탈 수 있는 리무진을 몰고 보스톤 인근 지역을 거쳐 나이아가라 쪽으로 나녀웠디. 이동 중간에 캠프사이트의 바비큐 장소에서 맛있는 바비큐도 즐겼다. 두 분 다 너무나도 좋아하셨다.

몇 년후 한국 교민이었던 청년과 결혼한 막내 여동생이 애리조나주 사막 지역에 위치한 피닉스에서 살 때 두 분이 여동생 집을 방문하셨다. 날씨가 건조한 탓으로 체류 기간 내내 지긋지긋한 관절약을 전혀 먹지 않아도 골프까지 칠 수 있다는 경험을 한 후 미국 이민을 최종 결심하셨다. 막내의 도움으로 두 분 다 영주권을 취득하여 사업을 정리하고 미국으로 이주하게 되었다.

1990년대 초반에 막내 매제가 한국 최대 기업에 스카우트되어 한국으로 이주하게 되었다. 피닉스에 남겨진 부모님은 언어 문제로 생활이 쉽지 않아 피닉스보다는 덜 건조하지만 한인들이 많이 사는 로스앤젤레스로 이주하게 되었다. 어머니도 주변 사람들을 잘 사귀지만, 아버지도 그 면에서는 뒤지지 않는 분이다. 막내의 도움 없이도 한인사회와 교회 성도들의 도움으로 잘 지내셨다.

한때 미국 생활을 정리하고 다시 한국에서 살겠다고 돌아와서는 1년을 못 버티고 다시 로스앤젤레스로 돌아가셨다. 언어 문제도 해결해서 영어로 인터뷰를 통과해야 얻을 수 있는 미국 시민권을 획득하게 되었다. 쉽지 않은 일을 두 분 모두 해내신 것이다. 그러나 건강 문제는 역시 나이 들어 가장 어려운 숙제다. 어머니는 오래 전 관절 수술을 했는데도 카트의 도움 없이는 걷지 못하신다.

2016년말 타계하신 아버지가 계실 때는 걱정을 덜했지만 이제는 혼자가 되셨다. 그 많던 재산도 오랜 기간 나도 모르는 일들이 있었는지 거의 잃었다고 한다. 그렇지만 미국에서의 사회복지 시스템은 대단하다. 매월 지급되는 생활보조비도 중요하지만, 모든 의료비용이 무료인 것은 감동적이다.

아버지가 타계하시기 직전 큰아들이 한국 교민 아가씨와 결혼하여 어머니 집 근처에 살게 되었다. 우리 부부는 매년 한 번씩 어머니와 아들을 보러 로스앤젤레스에 방문하여 1개월가량 체류하면서 지켜본다. 같은 아파트에 사는 교회의 많은 성도들이 거의 매일 어머니 집을 들러 안부도 챙기고 먹을 것도 바리바리 챙겨 온다. 같은 교회를 다니는 나의 고등학교 선후배들도 어머니에게 지극정성이다. 이전에는 모르던 선후배들인데 말이다. 현재 로스앤젤레스 교민이 된 내 학창 시절의 상도교회 동지들도 어머니를 돕는다. 물론 이 모든 일들이 Give & Receive '주면 받게 된다'는 뜻일 것이다. 역시 우리 어머니다.

신사임당이 한창 질곡의 시대를 현명하게 살아갈 수 있었던 이유는 타고난 능력도 있었겠지만 그녀의 아버지와 어머니의 현명한 교육과 외가의 영향이 컸다고 한다. 천성이 순박하고 강직하여 선비로서의 기개氣槪와 지조志操가 남달리 뛰어난 아버지 신명화와 유학자 집안의 무남독녀로 부모의 깊은 사랑을 받으면서 학문을 배운 어머니로 부터 신사임당이 태어나 배우며 자랐다고 한다. 어머니도 강직한 의지로 큰 사업체를 이루어내셨다는 외할아버지와 외할아버지가 이북에 납치되자 그 사업체를 이어받아 훌륭하게 꾸려가신 외할머니의 영향을 크게 받았으리라.

인연과 우연, 그리고 결혼

아내와의 만남은 사소한 인연과 우연으로 이어졌다. 중학교 2학년 때 다니던 교회의 학생부에서 아내를 처음 만났다. 같은 중학교 친구 따라 그 교회에 처음 출석했다고 한다. 안경을 쓰고 있었는데 시력이 좋지 않았던지 안경알이 뱅글뱅글 돌아가는 것이 보일 정도였다. 고3 때는 교회에서 별로 볼 수가 없었다. 대학 입시 공부에 바빴으리라.

고등학교 3학년 말 대입 시험을 치르고 나서 지인을 통해 합격했다는 것을 미리 알고 있었다. 어느 날 신촌에 살던 친구 집에 놀러 갔더니 그의 아버지가 연세대 교수였기 때문에 책이 엄청 많았다. 읽고 싶은 책을 빌려 가도 된다고 하여 당시 유행하던 검은색 비닐 백에 가득 빌려서 상도동행 좌석버스를 타게 되었다. 마침 뒤에 앉아 있던 그녀를 발견하고는 바로 옆자리에 앉아 질문했다.

"붙었어?"

"그래, 붙었어."

"어디 쳤는데?"

"E대 영문과당시 E대에서 커트라인 성적이 가장 높은 과였다."

"너는?"

나는 이미 알고 있었지만 "아직"이라고 대답했다.

"어디 쳤는데?"

"S대학교 상과대학."

그랬더니 별로 믿지 않는 눈치였다. 다음 해 3월 초에 버스에서 오랜만에 다시 만났다. 당시에 나는 옷을 실 돈이 없어 매일 교복을 입고 다녔다. 교복 상의에 붙어 있는 학교 배지를 자세히 들여다보면 상과대학 표시가 있었다. 그녀는 무척 놀라는 표정이었다.

입학하고 5월이 되니 학교에서 축제한다는 발표가 있었는데 여자친구와 함께 참석하라는 것이다. 그날 오후에 집으로 가는 일반 버스에서 우연히 그녀를 다시 만났다. "곧 열리는 우리 학교 축제에 여자친구와 같이 참석하라고 하는데 같이 갈래?" 하고 제안했더니 "알았어"라고 대답하는 것이었다.

축제 당일에 만나기로 한 명동의 한 다방에 좀 일찍 도착했다. 제시간에 나타나지 않아 은근히 걱정하고 있는데 깜짝 놀랄 만큼 예쁜 모습으로 나타났다. 희한하게 안경도 쓰지 않았다. 축제에 참석해서는 정말 재미있게 지냈다. 나는 그 축제에서 고등학교 1학년 때부터 불던 플루트 독주를 했다. 입학하자마자 만나서 기타 치면서 함께 듀엣을 했던 친구와 사이먼 앤 가펑클 노래 몇 곡도 불렀다. 요즘도 그 친구를 포함한 대학 동기 중창단에서 함께 노래하고 있다. 그 친구 이름을 따라 내 둘째 아들 이름을 '호경'이라 지었다.

한참 지난 후에 아내로부터 들은 이야기인데 고등학교 다닐 때

나를 날라리 학생이라고 생각했단다. 특히 가방에 여러 그림을 그려 넣고, 버스에 먼저 타기 때문에 앉아 있다 가끔 나를 만나 가방을 받아 내려다보면 '뭘 봐!'라고 크게 써 있는 것을 보고는 더욱 놀랐다며 교회에서 만났지만 불량배인줄 알았다는 것이다. 입학시험 발표날 만났을 때도 책이 가득 든 까만 비닐 가방을 들고 있는 것을 보고는 입학시험에 떨어져 벌써 재수 준비를 하고 있다고 생각했단다. 그럴 바에야 가장 좋은 학교 입학시험을 쳤다는 거짓말을 했다고 생각했다는 것이다.

그런데 입학 후 진짜 S대학교 교복을 입고 나타난 것을 보고 놀랐단다. 축제 초청을 받고 나서도 고민하면서 엄마한테 이야기했단다. 엄마는 즉시 우리 교회에도 와보고 실제 수소문해서 나에 대해 알아보고는 당시 서울에서도 가장 비싼 양장점을 운영하던 친척 집에 가서 고급 원피스를 맞춰 주고, 우리나라에 소개된 지 얼마 되지 않은 비싼 콘택트렌즈도 사주었다는 것이다. 약속 당일에 머뭇거리는 딸을 데리고 다방으로 밀어 넣었다고 했다.

그때부터 시작된 연애의 만남 장소는 내가 아르바이트를 많이 했기 때문에 아르바이트 장소로 이동하는 버스 안에서 주로 이루어졌다. 그녀 집도 자주 드나들었다. 그러던 어느 날 저녁때 그녀 집 앞에서 초인종을 누르고 기다리고 있는데 갑자기 "이놈 누구야"라는 큰소리를 듣고는 줄행랑을 쳤다. 그녀 아버지가 나를 보고는 한 100여 미터나 전속력으로 쫓아오셨다. 정구를 열심히 치셨다는 그분은 무척이나 빨랐다.

당시 아버지는 그녀의 혼인 대상으로 염두에 둔 사람이 있었다.

같은 상도동에 사는 나보다 2년 연상으로 서울법대 다니면서 행정고시와 사법고시 모두를 패스한 사람으로 그녀를 좋아했단다. 공무원 고위직에 근무하던 그녀의 아버지로서는 당연한 생각이었다. 내가 그녀 집에 있을 때 그녀의 어머니는 내 신발을 미리 부엌문으로 옮겨놓고, 아버지가 도착하면 옷을 갈아입는 동안 그문으로 도망가도록 조치할 정도였다.

ROTC 복무를 마칠 즈음 그녀와의 결혼 승낙을 요청했을 때 어머니 역시 극렬히 반대하셨다. 우리 집안은 3대째 기독교 집안인데 그 집안은 유명한 불교 집안이고, 그녀가 나보다 1살이 많다나 는 동기들보다 1년 먼저 국민학교에 입학했다는 것이 반대 이유였다. 나도 주장을 굽히지 않고 경우에 따라 승낙이 없어도 혼인신고를 하고 집을 나가 살겠다는 고집까지 부렸기 때문인지 좀 누그러지게 되었다. 그때 중요한 제안을 했다. 내가 다니던 D맥주를 그만두고 다른 회사로 옮길 테니 결혼을 승낙해달라고.

대학교 4학년 때 동창회 업무를 돕고 있었는데 당시 총동창회장이 D맥주 그룹의 회장이셨다. 동창회 일로 회장님을 잠시 뵐 기회가 있었는데 그때 마침 나를 특채해 주시어 당시 삼성그룹보다도 급여가 많던 D맥주에 입사하게 되었다. 입사 첫날 술에 잔뜩 취해 밤늦게 귀가하니 그때까지 기다리던 아버지가 "기독교 집안에 웬 술 회사냐, 당장 그만두어라"라고 무척이나 언짢게 생각하셨다.

이 때문만은 아니었겠지만 양가 부모의 승낙을 겨우 얻어내고 드디어 군에서 제대하던 해에 결혼식을 올릴 수 있었다. 인생의 여정은 종종 우리의 예상과 다른 방향으로 흘러갈 때가 있다. 하지만 사랑과 열정은 모든 것을 이겨내는 힘을 주며 우리의 삶을 빛나게 한다. 반대 끝에 이루어진 결혼을 통해 우리 부부는 사랑하는 가족과 함께 이루어 나가는 여정이 얼마나 소중한지를 깨닫게 되었다. 아내를 처음 만났던 순간부터 결혼까지의 여정에는 어딘가 역설과 미스터리가 많았다.

장모의 사위질빵 사랑

아내와 연애하던 시절 장모는 독실한 불교신자였다. 그럼에도 3대째 기독교 집안에서 자라 교회를 열심히 다니던 내가 아내와 연애를 시작할 수 있도록 도와주셨다.

대학생 때 연애하면서 시간이 날 때마다 집으로 찾아가 만나면서 장모와도 함께 대화하곤 했다. 때로는 내가 즐기던 기타를 치면서 당시 유행하던 팝송을 부르거나 피아노를 연주하기도 했다. 음악을 거의 들을 수 없었던 집안에서 중·고등학교와 국민학교를 다니던 세 처남은 내 모습이 신기했던 모양이었다. 장모는 어린 처남들을 데리고 우리 커플과 함께 산행을 즐기기도 했다.

사위 집안의 종교를 중시해 교회에서 결혼식 올리는 것을 허락해 주셨다. 결혼 2년 후에 미국 지사 발령을 받고 1978년에 아내와 백일잔치를 막 치른 큰아들과 함께 미국 생활을 시작했다. 1년 후 뉴욕의 현지법인장으로 발령받아 뉴욕으로 이주했다. 뉴욕에 도착하자 예정에도 없던 둘째를 가지게 됐다.

1979년 12월 둘째를 출산할 때 장모가 산모와 아이를 봐주기 위해 2개월 체류 일정으로 뉴욕의 퀸즈 지역에 살던 우리 집을 방문했다. 그런데 도착하자마자 아내에게 근처 교회를 소개 받아 일요예배와 수요예배를 빠짐없이 참석하셨다. 그 무렵은 2차 오일쇼크로 사업 여건이 급속도로 악화된 시기로 회사의 제품 판매를 담당하고 있던 대리점의 매출이 크게 떨어지면서 외상거래금액이 늘어가고 있었다. 뉴욕으로 이주하면서 시작된 이런 상황 극복에 전념한답시고 1년 가까이 다닐 교회조차 정하지 못하고 있었다.

매일 저녁 늦게까지 근무한 후 대리점 사장과 술 한잔 기울이는 것이 일상이었다. 뉴욕은 지하철이나 버스로 이동할 수 있는 도시라 저녁에 술 한잔하기가 좋은 도시다. 어느 날 저녁 늦게 술을 제법 마신 상태에서 아파트에 도착해 문을 여니 집안에서 찬송가 소리가 들리는 것이었다. 들어가 보니 장모 연령과 비슷한 또래분들 대여섯 명이 내가 귀가할 때까지 예배와 기도를 드리고 있었다. 내가 도착하자 그분들은 바로 귀가했다. 그 상황은 다음 날, 그다음 날도 계속되었다.

장모와 상의했다. 곧 교회를 정해 나갈 테니 이제 그만두시라고 부탁했지만 막무가내였다. 교회를 정해 출석할 때까지 그 같은 기도회를 계속 가지겠다고 뜻을 굽히지 않았다. 장모는 우리 가족이 미국에 와 있는 동안 기독교로 개종하여 여의도 순복음교회를 열심히 출석하고 있었다. 믿기 힘든 놀라운 일이었다. 결국 장모가 인근 교회들을 다녀보고 추천해 준 뉴욕 한인교회에 나가기 시작했다.

장모는 뉴욕에서 둘째 처남이 체류하고 있던 남미의 칠레로 떠났다. 1973년 17세 때 미국으로 간 둘째 처남은 2년 후 칠레로 이주했다. 1981년에는 기독교인이 되기로 결심하고 그다음 해 그곳에서 신학 공부를 마치고 순복음 칠레교회를 개척하게 되었다. 바로 이 사건이 장모가 불교에서 기독교로 개종한 주요인이었다.

장모는 결국 여의도 순복음교회에서 권사 직분을 받고 저세상으로 가실 때까지 기도와 성경 읽기를 중단하지 않았던 충직한 모습을 보여주었다. 장모의 변신과 함께 둘째 처남은 인천 송도에 위치한 '함께하는 교회'의 담임목사를 맡아 신바람나는 목회를 하고 있다. 셋째 아들인 막내 처남도 여의도 순복음교회 담임목사가 된 이영훈 목사의 후임으로 '나성 순복음교회'의 담임목사가 되었다. 아내와 연애하며 그 집을 드나들던 때는 상상도 못 하던 일이 일어났다.

장모는 연애하던 시절부터 나를 큰아들인 양 대해 주고 집안의 중대사들은 항상 상의해 주었다. 2013년도에 운영하던 사업이 너무 어려워 정리할 생각도 했지만, 법적으로 막혀 있던 클라우드 기술이 곧 풀리면 좋아질 것이라 판단하여 아내를 통해 도움을 요청했다. 두말없이 보유한 집 2채를 담보 삼아 융자를 주선해 주었다. 결국 그 회사는 2015년에 파산하고 그 융자금 모두를 갚아주었다. 그 당시의 송구한 마음은 무어라 표현할 수 없다. 지금도 너무나 죄송하고도 감사한 마음을 가지고 살고 있다.

'사위질빵'이라는 이름의 식물이 있다. 줄기는 굵지만 마디 부분이 약해서 잡아당기면 쉽게 끊어진다고 한다. 옛날에 사위가 처가에 와서 농사일을 도우려 하면, 이 줄기를 엮어 지게 질빵을 만들어 사위가 무거운 지게 짐을 지지 않도록 하는 장모 사랑을 빗대어 붙인 이름이다. 일꾼들에게는 튼튼한 덩굴로 질빵을 만들어주지만 사위에게는 사위질빵으로 질빵을 만들었다는 것이다.
"장 서방, 니는 사위가 아니라 내 아들이데이"라고 마지막 숨을 거두기 전에 한 말씀이 내 가슴에 사무친다.

아내의 영성靈性

　대학 1학년 5월 축제에서부터 시작된 아내와의 교제는 점차 심도를 더하여 시간이 허락할 때마다 껌딱지처럼 붙어다녔다. 그해 여름 방학기간 중 교회 청년부에서 시행하는 강원도 평창 하계수련회를 함께 가기로 했다. 버스 한 대가 가득 찰 만큼 신청자가 많았다. 대절한 관광버스는 당시 마장동 시외버스터미널에서 출발하기로 되어 있었다.

　출발 전날 친구들과 저녁식사를 한 다음 터미널 근처에서 사는 한 친구의 집에서 함께 지내기로 약속되어 있어 미리 수련회 준비를 해서 약속장소로 향했다. 친구와 함께 밤새도록 이야기꽃이 피어 새벽에서야 잠이 들었다. 깨어보니 관광버스의 출발시간이었다. 세수도 못한 채 부랴부랴 친구 집 앞에서 택시를 잡아타고 터미널로 향했다. 택시를 내린 시간이 이미 출발 시간을 30분가량 넘기고 있었다. 내린 장소가 하필 버스가 주차해 있던 곳의 반대편이었다. 제발 기다려줄 것을 기도하면서 버스를 찾아 뛰기 시작했다.

　출발시간 15분이 지나도 도착하지 않자 청년회장이 기사에게 출발하도록 부탁했다. 그러자 아내가 "조금만 더 기다려줘요. 동익이가 꼭 올거예요"라고 소리쳤다. 다시 15분을 기다려도 도착하지 않자 회장이 이제는 더 이상 기다릴 수 없다고 떠나자고 했다. 그런데 아내가 말렸다고 한다. "동익이가 지금 방금 택시에서 내렸어요. 검정 모자에 군화를 신고 배낭 메고 말이예요." 회장이 아무리 둘러보아도 내가 보이지 않자 "동익이가 어디 있단 말이야? 아무데도 안 보이는데?"라고 다그쳤다. 아내가 쑥스러워 미안한 표정을 지을 때쯤 버스 앞 4거리의 코너를 내가 돌아서 뛰어오는 것이 보였다고 한다. 아내가 말한 것과 똑같은 모습으로.

차에 타서 기다리던 모두가 깜짝 놀랄 수밖에 없었다. 그때까지도 나와 아내가 연애한다는 사실을 모르던 청년들에게 모두 들키고 말았다. 기왕에 모두가 알게 되었으니 이제 마음 놓고 연애하자는 심정으로 수련회에서 그녀와 잊지 못할 추억을 만들었다. 이후 다른 청년들은 그 사실을 잊었겠지만 당사자였던 아내와 나는 지금도 마음 속 깊이 기억하고 있다. 아내가 30분 이상을 날 기다리면서 얼마나 애타게 기도했을까? 결국 하나님은 그녀의 환상 속에 나의 모습을 보여준 것이다. 혹시나 택시 안에서 뛰면서 간절한 마음으로 기도한 것도 들어주셨을까?

첫 아들을 임신하고 나서도 꿈속에서 집채보다 큰 거북 두 마리를 보았단다. 크기가 얼마나 컸던지 자신이 한 거북의 들려 있던 다리 밑으로 걸어갔다고 한다. 얼마 후 또다시 꿈속에서 새파란 하늘 아래 커다란 흰 백합꽃 두 송이를 보았다고 한다. 그런데 이후 우리는 두 아들을 낳게 되었다.

성경 속에서 꿈은 하나님과의 소통 수단 중 하나로 인식되며 종종 미래에 대한 예지와 지침을 전하는 매개체로 사용된다. 성경 창세기에 나오는 아브라함의 열두 아들 중 열한 번째 요셉은 어릴 때 그의 형들이 자신에게 절하는 모습이 나타나는 꿈을 꾸고는 형들에게 그 꿈 이야기를 전하면서 형들로부터 미움을 받게 된다. 이후 형들에 의해 애굽에 팔린 요셉은 이집트에서 종으로 새 삶을 시작했지만 결국 애굽의 총리가 되었다. 그는 극심한 가뭄 속에서 고통받던 형들 가족과 아버지에게 식량을 제공하고 결국 형들이 그 앞에 엎드려 절하는 모습이 기록되어 있다. 꿈이 예언된 현실로 이어지며 그의 권력과 영향력은 꿈의 내용과 일치하는 모습으로 현실화되었다.

아내의 두 꿈은 아내의 영성을 나타내는 대표적인 사례이지만 오랜 기간 함께 살아오면서 아내의 영성을 체감한 적이 여러 번 있었다. 그런데 나는 일생을 통해 제대로 기억나지도 않는 개꿈만 꾸어 왔다. '하나님이 내게는 왜 아내와 같은 영성을 주시지 않는 거지?'라는 불만스러운 생각을 간혹 했었다. 수련회 때 아내에게 보여준 그 환상이 현재의 나와 아내를, 큰 거북 두 마리와 큰 백합 두 송이가 두 아들을 만들어주었다. 성경 속의 예언과 꿈은 종종 하나님의 계획을 알리고, 그 계획을 향한 인간의 여정을 이끌어가는 길로 보인다. 아내에게 그런 축복을 주신 하나님께 감사드리며 살고 있다.

정원庭園, 사랑의 호심湖心

　장모는 2003년에 대부도 해변이 보이는 낮은 언덕에 집을 신축했다. 장모가 정원 가꾸는 것을 좋아해서 150평 남짓의 정원을 만들어 놓았다. 윗집과의 경계에 쌓은 축대와 정원과 도로 사이의 낮은 축대에는 개나리, 철쭉, 회양목, 영산홍을 심었다. 거실에서 보이는 우측에는 소나무, 배롱나무, 동백, 자목련, 단감나무 등을 어울리게 심었다. 잔디밭 가운데에도 가이스카 향나무 2그루가 자리를 잡고 있다. 큰 단감나무가 볼이 붉어갈 무렵이면 감나무 밑으로 친지들이 모여든다.
　집 신축 후 주말이면 아내와 함께 처가에 와서 공지에 15평가량의 텃밭을 조성하고 상추, 고추 등 갖가지 채소류를 무농약으로 재배한다. 2016년 우리 부부가 이사 오고 나서는 아내가 꽃을 좋아해서 그녀의 '엄한 지시'에 따라 잔디 주변에 심은 나무들 사이사이와 현관 바로 앞 3평가량의 공간에도 여러 가지 꽃을 심었다. 점점 종류가 다양해지고 있다. 덕분에 4월부터 11월까지 계절별로 다양한 꽃이 핀다.
　4월이다. 윗집과 우리 집 사이 높은 돌 축대와 도로 옆 낮은 축대의 돌 사이사이로 기지개 펴듯 개나리가 피기 시작한다. 곧이어 예쁜 한복을 차려입은 듯 분홍색, 빨간색과 흰색 철쭉이 두 축대의 돌 사이에서 활짝 웃는다. 수선화와 커다란 자목련도 아름다운 자태를 뽐내며 시샘하듯 핀다. 잔디밭에는 분홍색 꽃잔디가 이곳저곳에 군락을 이룬다. 튤립, 아네모네 프리지아도 방긋 꽃잎을 벌리며 봄 인사를 한다.

  5월에는 점잖은 모습의 불두화와 정원 주위에 샤스타데이지가 수북하여 마치 눈이 내린 듯하다. 왕관 모양의 유까 꽃대들도 정원 주위와 현관 앞을 장식한다. 붉은 병꽃나무, 패랭이, 작약도 피면 화려한 꽃동산이 된다.

  6월이 되어 철쭉이 지면 산철쭉, 영산홍이 연이어 핀다. 나리속, 낮달맞이꽃, 파란색과 보라색 수레국화, 만수국이 어우러진다. 마디마디 꽃망울을 품어 안은 백일홍도 백일 동안 우리 정원을 장식해준다. 6월은 나와 아내의 친지들이 우리 집을 가장 많이 찾아 꽃 속에서 바비큐 파티를 여는 시기이기도 하다.

  7월에는 정원 주위를 가득 채웠던 샤스타데이지가 사라지고 대신 수국과 국화가 만발한다. 목백일홍이라고도 하는 여섯 그루의 배롱나무에 꽃이 피면 3개월 이상 피고 지기를 계속한다.

  8월에는 잔디처럼 바닥을 덮으며 음지에서도 피는 보랏빛 맥문동꽃이 바람결에 흔들리며 파도처럼 물결친다. 진분홍색과 붉은색 백일홍과 목백일홍이 현관 앞과 정원 4면을 9월까지 지켜준다.

  10월이 되면 노란색과 보라색 국화, 구절초, 프렌치메리골드가 정원 주변에 핀다. 5월에 피었던 사막 식물인 유까도 두 번째 하얀색 꽃을 보무당당하게 피운다. 11월 중순이 되면 국화가 시들어지면서 꽃 풍경은 다음 해를 기다리게 한다.

골목길에는 8가구가 사는데 우리가 가장 먼저 집을 지었고, 정원 역시 집을 짓자 바로 가꾸었다. 7가구가 우리 집을 모델로 정원에 여러 종류의 나무와 꽃들로 장식하여 집 근처를 지나는 대부도 주민들이 감탄하는 골목길이 되기도 했다. 최근 2~3년 사이에 우리 집의 샤스타데이지나 백일홍 씨앗을 이웃들에게 나누어 주어 동네 정원의 아름다움을 더하고 있다. 일부러 정원의 꽃구경을 오는 사람들도 요즘 부쩍 늘었다.

정원은 생명의 공기가 흐르는 작은 세상으로, 평온함과 휴식을 찾을 수 있는 아름다운 공간이다. 풀의 소리와 꽃의 향기, 햇살이 아름다운 곳에서 평온함을 느낄 수 있다. 정원은 우리가 만들어가는 곳이지만, 그곳에서 우리는 만들어간 것의 아름다움에 빠져들 수 있다. 우리 가족이나 친지들과 함께 시간을 보내며 기쁨과 행복을 느낄 수 있는 곳이다. 심신의 평화를 찾으며 멀리 가지 않고 정원에서 힐링을 취할 수 있어 좋다.

박두진의 〈꽃〉이라는 시를 읽은 적이 있다.

이는 먼/해와 달의 속삭임/비밀한 울음//한번 만의 어느 날의/아픈 피 흘림.//먼 별에서 별에로의/길섶 위에 떨궈진/다시는 못 돌이킬/엇갈림의 핏방울.//꺼질 듯/보드라운/황홀한 한 떨기의/아름다운 정적靜寂.//펼치면 일렁이는/사랑의/호심湖心아.

인간이 해와 달의 속삭임을 모르듯 생명의 신비는 오묘하다. 피 흘림에서 의미하듯 인간은 이 세상을 한번 떠나면 다시 돌아올 수 없다. 사랑스러운 꽃의 호수 같은 깨끗함과 순결함에 비유하면서 자연과 인간의 황홀하고 아름다운 사랑을 표현하고 있다. 펼치면 일렁이는 사랑의 호심과 같이 아내와의 아름다운 사랑을 위한 표징으로 정원 주위를 꽃으로 장식했다.
　새하얀 눈으로 덮인 겨울의 정적을 지나 다양한 꽃을 피우는 봄에서 여름을 지나 가을까지, 또다시 겨울을 나며 우리 부부만이 아닌 주변 모든 사람과 아름다운 사랑을 이어가고 싶다.

화려한 크리스마스 장식

한겨울에 로스앤젤레스를 방문한 것은 2021년이 처음이었다. 내 생일과 큰아들의 생일이 11월 후반이라 생일잔치를 하고 나니 바로 다음 날에 추수감사절 연휴가 시작되었다. 아침 일찍부터 큰아들은 창고에서 크리스마스 장식을 위한 작은 전구 연결선을 산더미처럼 들고 나오더니 도로에서 보이는 집 앞뜰에 심은 큰 나무 둘레와 집 앞 전체에 조명Light을 장식하기 시작했다. 어떤 작품이 나올지 궁금했다. 시간이 제법 오래 걸렸다.

며느리와 함께 우리 부부는 집안 거실의 크리스마스트리 장식을 했다. 함께 초대된 어머니는 무릎 관절이 좋지 않아 소파에서 TV를 보고 계셨다. 장식을 마치고 난 며느리는 깃털을 완전히 제거하여 잘 다듬은 큼직한 칠면조에 오일을 골고루 발라 오븐에 넣더니 굽기 시작했다. 큰 칠면조를 멋지게 구워내고 다른 요리들도 금세 만들어냈다.

미슐랭 상위 식당에서 즐기는 음식의 가치는 맛도 중요하지만, 모양새 역시 중요하다. 며느리는 젊은 나이임에도 유명 요리사 뺨치는 솜씨를 가지고 있다. 맛도 맛이지만 테이블 위의 장식도 어느 레스토랑 못지 않았다.

　점등된 거실의 크리스마스트리를 보면서 부활절 만찬을 즐기며 화기애애한 대화를 나누는 묘미는 천상의 만찬에서 느끼는 그것과도 비교할만했다. 큰아들이 "개봉 박두"라고 소리치면서 현관문을 열고 집 앞 전체를 화려하고도 아름답게 장식한 '크리스마스 점등축제Christmas Light Festival'를 소개했다. 정말 멋졌다. 어머니와 아내와 함께 한참을 서서 감상했다.

　집 안에 들어와서는 며느리가 "아부지, 엄마우리 부부를 부르는 며느리의 독특한 방식. 자기 엄마는 캘리포니아 엄마를 줄여 캘리 엄마라고 부른다, 추수감사절 연휴 끝나는 날이 일요일인데 저녁에 할머니도 모셔서 '브레아 점등축제Brea Light Festival'를 구경하러 가요"라고 한다. 저녁식사 후 아들 집 주변 동네를 한 바퀴 산책했다. 모든 집이 조명을 설치한 것은 아니지만, 대략 4집 중 1집은 예쁘게 장식해 놓았다. 장식해 놓은 집집마다 사진을 찍어 각 사진마다 각기 다른 화면전환Transition과 자막과 배경음악을 넣어 동영상을 만들었다.

　부활절 연휴 마지막 날인 일요일 저녁, 아들이 운전하는 차에 5명이 타고 브레아라는 도시로 향했다. 그런데 이게 웬일인가. 동네가 매우 큰데 거의 한 집도 빠짐없이 크리스마스 조명을 장식해 놓았다. 동네에서 일류급으로 장식한 아들 집은 저리 가라다. 크리스마스를 위한 최상의 배경을 영화로 제작하는 스튜디오 이상으로 모두 화려하고도 아름답게 장식해 놓았다. 차로 여행 시작하는 지점부터 창문을 열고 동영상을 찍었다.

　끝까지 한 바퀴 도는데 한 시간 가까이 걸리는 여행이었다. 난

생처음 경험하는 화려한 크리스마스 점등축제였다. 그때 느낀 감동은 쉽사리 사그러들지 않고 며칠이나 계속되었다. 집에 돌아오자 큰아들 동네의 사진으로 제작한 점등축제 동영상과 브레아 점등축제를 찍은 동영상을 편집하여 친지들에게 보내고 페이스북에 올렸다. 그 동영상을 본 수많은 사람들이 느낀 감동을 댓글로 적었다. 내가 제작한 동영상은 영화와는 비교할 수 없지만, 장면 자체는 영화에서도 보기 힘든 것이어서 크나큰 감동이 전해졌을 것이다.

2022년 말에 다시 방문해서 전보다 더 숙련된 기법으로 동영상들을 만들어 전과 같이 공유했다. 전년보다 시청자들의 반응이 훨씬 좋았다. 오랜 시간은 아니지만 노력한 보람이 있었다.

크리스마스트리 장식의 기원은 남아 있는 기록상으로 1419년 독일 프라이부르크 성령원에서 유래되었다고 한다. 19세기 초에 북유럽에 전파되고 영국에는 1841년 초에 빅토리아 여왕의 남편 알버트공에 의해 소개되었다고 한다. 미국에는 독일계 이주민이 펜실베니아주에 이주하면서 소개되었다.

미국의 칼럼니스트였던 버튼 힐리스가 "크리스마스트리 주변의 모든 선물 중 가장 좋은 것은 서로를 감싸고 있는 행복한 가족의 존재이다"라고 했다. 우리 부부는 서로를 감싸며 행복해하는 어머니와 큰아들 부부와 함께하기 위해 매년 12월에 로스앤젤레스를 방문하기로 했다.

위로와 용기의 힘

아내는 1981년 11월 말에 한국으로 돌아와서 다음 해 대형 법무법인에 수석비서로 채용되어 근무를 시작했다. 큰아들 호준이는 미국에서 탄생한 둘째 아들과 함께 가사돌보미에게 맡겨졌다. 아내는 한동안 나보다 수입이 더 많았다.

호준이가 초등학교 3학년 때였다. 아내가 학교 선생님의 요청으로 학교를 방문했더니 호준이가 좀 산만해서 걱정이라고 했다는 것이다. 집에 돌아온 아내는 호준이에게 "선생님이 네가 머리가 아주 좋아 앞으로 크게 성장할 인재라고 하시더라"라고 했다. 그 일로 아내는 깊은 고민 끝에 결국 회사를 그만두고 두 아들을 돌보기로 결정했다.

호준이는 그 후 자신을 믿게 되고, 학교 가는 것과 공부하는 것에 재미가 붙었다. 계속 학업성적이 좋았고 5학년 때는 학교를 대표하여 같은 학년에 10명가량 선정하는 산수반에도 포함되었다.

그 무렵 성적이 좋은 자녀의 부모들은 대부분 의대나 법대에 진학하기를 원했다. 하루는 퇴근하여 귀가하니 아내가 걱정스러운 표정으로 "호준이가 미술을 전공하고 싶대"라고 말했다. 호준이가 중학생 때였다. 나는 세 가지 생각이 들었다.

첫째, 아이들은 자신이 하고 싶은 일을 해야 행복하고 정열을 바쳐 달림으로써 우리 세대들이 해내지 못하는 일들을 이루어낸다.

둘째, 호준이가 미국에 사는 동안 레고블럭 맞추기를 무척 좋아해 많이 사주었는데 거의 하루 종일도 가지고 놀았다. 그리고 그 기술이 일취월장 발전했다.

셋째, 어릴 때부터 시각 인지능력과 기억력이 매우 뛰어났다. 만 1살 이전에 방문했던 디즈니랜드를 뉴욕에서 한국에 돌아오면서 다시 들러 두 아들에게 구경시켜 주었다. 작은 열차를 타고 지하 세계를 관람하는데 호준이가 갑자기 "다음에 얼굴이 무섭게 생긴 괴물이 나올 거야"라고 외쳤다. 그런데 바로 그 괴물이 나타나는 것이었다. '어떻게 1살도 안 되어 봤던 것을 기억할까?' 우리 부부는 너무나도 놀랐다.

아내와 분당의 아파트 앞 탄천길을 매일 걸으면서 내 생각을 상세하게 설명하면서 상의했다. 결국 호준이가 하고 싶은 미술을 시키자는 결론을 냈다.

수능시험 성적도 우수했기 때문에 그가 선호하는 홍익대학에 지원서를 냈다. 그런데 이상한 일이 발생했다. 실기시험에서 밑그림을 볼펜으로 그리면 안된다는 시험 룰이 있는데, 대부분의 학생이 볼펜으로 그리는 것이 일반적이라 호준이도 볼펜으로 그리고 있었다. 이를 발견한 시험감독관이 호준이의 시험지를 압수하려고 하는 순간 시험지가 찢어지는 상황이 발생하여 실기 점수를 인정받지 못하고 낙방한 것이다. 바로 재수를 결심했지만, 실패에 대한 상실감 때문인지 방황을 했다. 재수할 때 실기에만 집중하고 공부는 소홀히하여 수능 성적이 모자라 결국 2차인 성균관대학교를 입학하게 되었다. 호준이는 그때가 자신의 인생에 있어 가장 큰 충격의 시기였다고 한다.

우리 부부도 마음이 크게 아팠지만, 호준에게 상처가 되지 않도록 최선을 다했다. 호준이가 대학 2학년 때 군대를 갔다 와서 복학해서는 장학금을 받아 등록금을 별도로 지원할 필요가 없었다. 나중에 호준이로부터 들은 이야기인데 1학년 때는 상실감 때문에 온갖 종류의 아르바이트를 하는 등 방황하는 바람에 F학점을 받은 과목도 많았다고 한다.

대학에서의 전공분야는 시각디자인이었는데 그 전공의 최고 적용분야는 광고기획이었다. 졸업할 당시 대형 광고기획사는 세계 최고 수준의 해외 대학에서 석사학위 이상을 소유한 졸업생만을 위주로 신입사원을 선발하고 있었다.

1998년에 가까이 지내던 중견기업 회장의 추천으로 중소 광고기획사를 운영하는 사장과 호준이가 만날 기회가 있었다. 그 사장은 국내 최대 기획사 J기획에서 오래 근무하다가 독립했는데 1980년에 금성사 칼라비전 TV 광고에 '순간의 선택이 10년을 좌우한다'라는 유명한 카피라이팅을 개발한 장본인이었다.

두 사람은 만나자마자 서로 호감을 느껴 호준이는 바로 그 회사에서 일하기 시작했다. 바쁜 광고기획사들은 월화수목금금금 밤을 세우며 일했다. 일이 너무 힘들어 이직률도 높았다. 그러나 호준이는 10여 년을 성실하게 일했다. 어느 날 호준이 방에서 카피라이팅 훈련을 위한 책으로 보이는 인문학 서적을 여러 권 발견하여 카피라이터로서의 역량도 키우고 있다는 생각에 마음이 뿌듯하기도 했다.

2010년경 호준이가 국내 2대 광고기획사 중 하나로 급성장한 H그룹 계열사에서 스카우트 제의가 있어 이직을 결심했다. 여러 팀 중 가장 중심이 되는 주력기업을 담당하는 팀이었다. 신입사원으로 대형사에 입사해서 일해 왔다면 자신의 전공분야만을 경험했을 텐데 중소기업에서 유능한 사장의 훈련하에 온갖 일들을 함께 처리했던 경험이 인정되었던 것이다.

광고 제작을 위해 가수 싸이와 함께 로스앤젤레스를 방문하여 광고 영상을 찍으면서 지금의 짝을 만났다. 2년가량 연애 후에 결혼하여 미국으로 건너가 행복한 결혼생활을 하고 있다.

헝가리계 유대인 심리학자 알프레드 아들러의 《다시 일어서는 용기》라는 책에서 용기란 주체적으로 살아가기 위해 필수적인 재료라고 다음과 같이 썼다.

자신이 괴로움과 불편한 상황에 힘들어하는 사람은 오로지 자기의 문제에만 천착하여 주위를 돌아보지 못하는 협소하고 이기적인 사람이 되고 만다. 하지만 자신을 이해하고 포용하고 사랑하게 된 사람은 주변을 이해하고 돌보고 사랑하는 힘을 갖게 된다. 그것은 용기로부터 시작되는 일이다. 자신을 믿는 용기, 자신을 믿고 한 발자국씩 떼어가는 용기, 절대로 포기하지 않는 용기.

요즈음 MZ세대밀레니얼 세대: 1981년부터 1996년에 태어난 세대+Z세대: 1990년대 중·후반부터 2010년 초 태어난 세대 이후의 세대는 우리 세대에서 전혀 이루어내지 못했던 일들을 해내고 있다. BTS 등 K- pop을 중심으로 한 한류 열풍, 체육계의 신동들은 그들이 좋아하고 잘하는 분야를 찾아내어 열정을 다 기울였기 때문에 성공신화를 만들었다.

강압적인 방법의 교육보다 부모의 위로와 배려, 그리고 본인이 하고 싶은 일이 무엇인지 찾아내고, 찾고 나면 그 일에 매진할 수 있도록 도와주는 것이 행복한 삶의 원동력이라고 생각한다. 자녀들이 실패하지 않도록 가이드해 주는 것이 아니라 실패를 마주할 때 그 실패를 딛고 과감하게 일어설 수 있는 자신감과 용기를 회복하도록 위로하며 지원해 주어야 할 것이다. 호준이가 위로와 용기의 힘으로 실패를 딛고 일어난 경험은 앞으로의 인생에도 큰 영향을 주리라 믿는다.

심장질환이 준 축복

우리의 삶은 예상치 못한 시험과 어려움으로 가득하다. 하지만 이러한 순간들은 우리에게 교훈을 안겨주며 회복의 기회 또한 제공해 준다.

1979년 1월 말 뉴욕 현지법인장으로 취임하자 닥친 전세계적인 2차 오일쇼크로 인해 독점대리점의 외상거래액수가 증가하면서 회사 운영이 어려워지는 상황에서 아내가 3월경에 둘째 아들을 임신했다. 뛸 듯이 기쁜 소식이었다. 그런데 문제가 생겼다. 1978년 초 로스앤젤레스에서 가입한 건강보험이 뉴욕에서는 보험 규약이 다르기 때문에 출산 관련한 진료비를 커버하지 않았다. 출산을 담당했던 고등학교 선배 의사가 이런 사실을 알고는 아내의 진료비를 자신이 할 수 있는 한 최저의 금액으로 낮춰 주었다. 그런데도 3천 달러가 넘었다. 월급의 상당 부분을 의료비로 지출해야 하는 형편에 처했다.

그해 12월 13일 아침 막 출근하려고 현관문을 여는데 방안에서 "악" 하는 비명이 들렸다. 뛰어들어가 보니 양수가 터진 것이었다. 출근 시간이라 교통체증이 대단했지만, 구급차 부를 겨를도 없이 고속도로 갓길을 그냥 달렸다. 20분 후에 병원에 도착하여 그날 순산했다. 엄청난 기쁨이었다.

그런데 문제가 생겼다. 하루에도 몇 번씩 아이가 울 때 얼굴이 새파래지며 숨을 잘 못 쉬었다. 선배 의사의 추천으로 맨해튼에서 진료하는 소아심장 전문의를 찾아갔더니 심장판막질환이 심하지만 수술하기에는 너무 어리난다. 처방해 준 약으로 견디다가 만 3살이 지나 수술하는 게 안전하다고 했다. 하늘이 무너짐을 느꼈다.

그러던 어느 날 캐나다 토론토에 사는 중학 시절 친구에게 전화해 둘째의 질환에 대해 설명했다. 그는 태권도장을 운영하면서 한의학의 침술 진료로도 명성을 얻고 있었다. "가족들 다 데리고 당장 나한테 와"라고 소리를 질렀다. 당시 심장병 관련 의학서적으로 베스트셀러였던 니시 가스죠의 자연건강요법 책을 구입하여 읽고 오란다. 일본인 의사로서 당시 현대의학으로는 불치였던 종류의 심장병에 걸려 온갖 민간요법을 연구한 결과 냉온욕 요법을 중심으로 하는 치료법에 대해 쓴 책이었다.

마침 캐나다 동부지역 역시 내 영업 소관이라 예정되어 있던 고객 방문 계획을 앞당겨 아내와 두 아들과 함께 즉시 토론토로 향했다. 친구 집에 도착하니 집 목욕탕을 완전히 개보수하여 냉탕과 온탕이 별도로 있었다. 세상에, 갓 태어난 둘째가 매일 2번씩 냉온욕을 해야 한다고 했다. 마음속으론 당연히 "NO!"였다. 눈치를 챈 친구가 나보고 당장 냉온욕을 해보라고 했다.

처음에 찬물섭씨 14~18도로 시작하여 다음 뜨거운 물섭씨 41~45도 1분씩 4회를 마치고 마지막 5회차에는 뜨거운 물 2분, 찬물 1분으로 마치는 것이었다. 처음 찬물에 들어가니 심장마비가 걸릴 듯 너무 차가워 바로 들어갈 수도 없었다. 첫날 5번가량을 반복했다. 이게 웬일인가. 5번째 시도에서는 찬물에 들어가기는 좀 힘들어도 뜨거운 물에서는 얼마나 기분이 좋던지.

뉴욕 아파트에는 별도의 냉온탕이 없으니 아이에게는 샤워로 냉온욕을 하면 된다고 추천해 주었다. 직접 시도해 보니 괜찮았다. 다음 날 둘째에게 샤워 냉온욕을 시도했다. 처음에는 아내가 도저히 못 하겠다고 해서 내가 했다. 찬물을 끼얹으니 아이가 소스라치게 놀라며 울었다. 친구는 옆에서 걱정하지 말고 계속하라며 채근했다.

갓난아이가 울기 시작하면 상반신과 얼굴이 시퍼래지는 광경을 상상해 보라. 관련 책도 읽었고 친구가 그 진료 기법으로 잘 사는 것을 보니 믿어보자는 심정으로 몇 번 시도했다. 반복될수록 나중에는 아이가 방긋 웃기까지 했다. 떠나는 날 아침에는 아내가 직접 시도했다. 자신도 시도할만했던지 뉴욕에 돌아가면 아침, 저녁으로 매일 열심히 해보겠다고 약속했다.

회상해 보면 이때가 인생에서 가장 힘들었던 시기였던 것 같다. 로스앤젤레스에서 뉴욕으로 이주하여 밤낮없이 주말도 없이 열심히 일했는데도 알지 못하는 사이에 회사로부터 누명을 쓰게 되었다. 나아가 예상치도 못했던 큰 금액의 출산비용을 지불하게 되었고, 사랑하는 아들이 태어나자마자 심각한 병에 시달리며 고생하게 되었다. 상상하기도 싫을 만큼 심한 마음고생을 했던 시기였다. 그러나 하나님과 주변 친지들의 적극적인 도움으로 힘든 고통을 이겨낼 수 있었다.

1980년 초부터 매월 한 번씩 진료받으러 맨해튼으로 나왔는데 샤워 냉온욕을 한 지 6개월쯤 지났을까. 의사가 희한하게도 둘째의 증상이 호전되고 있다는 것이었다. 귀국하기 전 마지막 진료에서는 수술할 필요는 없지만, 한국에서도 한동안 정기적으로 진료받을 것을 권유했다. 귀국 바로 직전에 회사로부터의 누명은 완전히 벗겨지고 동료 직원으로부터 나의 의료보험상 문제를 알게 된 회사에서 5천 달러의 보너스와 함께 귀국 시 온 가족 특별 여행 비용을 별도로 지급해 주었다.

둘째는 어릴 때부터 공부하라고 강권한 일이 없는데도 자신의 건강 문제를 극복하고 열심히 공부해서 S대학교 법과대학으로 진학하고 사법고시에 합격했다. 지금은 자신이 어릴 때부터 하고 싶어 했던 변호사가 되어 대형 법무법인의 주주 파트너가 되어 근무하고 있다. 이제는 기업인수합병 관련해서는 국내 가장 유명한 변호사 중 한 명으로 성장했다. 자신의 건강을 위해 누구보다도 열심히 운동해 왔다. 학생 때부터 시작하여 지금 다니는 회사의 농구 동호회에서 열심히 활동하고, 체력단련도 매일 열심히 하고 있다.

회사의 잘못된 조치로 인해 심한 비탄에 빠져 괴로워하고 있을 때 온전히 나를 위해 매주 목요일 저녁 시카고에서 비행기를 타고 뉴욕으로 날아와 밤새 다독여 주던 선배의 말씀이 지금도 귀에 생생하다. "하나님이 중요하게 사용하려는 사람에게는 그에 걸맞은 큰 고난도 함께 주신다"라는 말씀이 둘째 아들에게 닥친 견디기 힘든 고난도 이길 수 있도록 도와주었다.

성경에 "환난은 그 자체가 삶에 주어지는 목적이 아니라 반드시 축복이 뒤따르게 되어 있다"라는 구절이 있다. 우리의 삶에는 항시 어떤 종류든 정도의 차이는 있으나 역경과 시련이 닥쳐온다. 그러나 잘 이겨내면 결국 축복으로 변하게 된다. 둘째가 우리 부부의 굳은 믿음과 지원으로 회복탄력성을 잘 키워낸 것에 감사하고, 앞으로도 지속적으로 지켜나가 이 사회에 도움이 되는 삶을 살아가기를 바란다.

사랑하는 두 며느리

1977년생 큰아들 호준이는 대학에서 시각디자인을 전공하고 현대그룹 이노션에서 그룹 관련 광고팀장을 하다가 미국으로 이민 가서 한 중소기업의 온라인 마케팅을 하고 있다. 1979년생 둘째 아들 호경이는 대학에서 법학을 전공하고 변호사가 되었다.

호준이는 2013년 광고 영상 촬영을 위해 가수 싸이와 함께 로스앤젤레스로 출장 가서 촬영하다가 아르바이트 모델로 출연했던 지연이를 처음 만났다. 이미 36살이 된 호준이의 결혼을 걱정하고 있던 차에 만난 지연이는 캘리포니아대학 샌디에고University California San Diago 캠퍼스에서 4학년 재학 중으로 호준이보다 13살 연하였다. 나중에 알게 된 사실이지만, 나이가 어려보이는 호준이의 인상과 오랜 기간 아버지와 떨어져 있었기에 호준이가 아버지와 같은 느낌이 들어 좋아했다고 한다.

광고 촬영 후 얼마 되지 않아 친지를 만나기 위해 지연이가 방한했는데 또 다른 목적은 호준이를 만나고 싶어서였단다. 그때부터 둘의 사랑은 급진전하게 된 모양이다. 우리 부부가 부모님을 뵙기 위해 로스앤젤레스로 여행 가서 렌트한 레저용 차량RV:

Recreational Vehicle을 타고 샌디에고 인근으로 갔을 때 출장 간 호준이가 지연이를 데리고 캠프 사이트로 인사를 왔다. 함께 바비큐를 준비하고 식사했다. 늘씬한 키에 얼굴도 예쁘고 천진난만한 성격이어서 보자마자 며느리로서 합격이었다. 너무나도 감사했다.

 2016년에는 어릴 때부터 미국에서 살고 싶어 했던 호준이가 결혼을 위해 미국으로 이민 가겠다고 결심했단다. 좋은 직장을 버리고 떠난다는 것이 아쉬웠지만, 아들의 결정을 존중했다. 결혼식을 2017년 7월 29일로 결정했다고 하여 그달 중순에 미국을 방문했다. 아들이 직접 설계하고 리모델링한 집에 도착하니 너무나 아름다웠다. 새벽 5시경이면 기상하여 미국에서 새롭게 부탁받은 강의를 준비하곤 했다. 지연이는 일어나면 거실에 있는 내게 "아부지, 안녕히 주무셨어요?"라고 인사하고는 아내가 자고 있는 침대로 가서 이불 속으로 뛰어들며 "엄마, 잘 잤어요?" 하면서 아내를 껴안는다. 지연이는 아내를 "엄마"라고 부르고 자신의 어머니는 "캘리캘리포니아 엄마"라고 부른다. 침대에서 일어날 때까지 끊임없이 대화를 나눈다. 함께 거닐 때도 항시 엄마의 팔을 끼고 걷는다.

 호준이와 지연이는 둘이 함께 다니는 교회 목사님의 주례로 결혼식을 올렸다. 그 후 우리 부부는 호준이 집 근처에 사시는 어머니아버지는 2016년 12월에 돌아가셨다와 호준 부부를 보러 매년 연말에 로스앤젤레스에 가서 1달 이상 지낸다. 로스앤젤레스 여행이 너무나도 기다려진다. 지연이는 지금도 모델로 활동하고, 새롭게 공부하여 배우 지망생으로도 열심히 활동하고 있다. 그런데 첫 손주는 부탁해.

호준이와 지연이의 사랑은 연령의 차이나 거리에도 불구하고 이루어진 특별한 만남이다. 그들의 이야기는 어떤 상황에서도 사랑을 찾을 수 있다는 것을 보여준다. 서로를 잘 이해하고 지지하며, 사랑은 나이나 거리에 구애받지 않는다는 것을 일깨워준다.

호경이는 법무법인 태평양에서 근무를 시작한 때부터 인사 업무를 함께 담당하고 있었다 작은며느리 유제는 고등학교를 졸업하고 미국의 여성대학인 웰슬리대학Wellesley College에 입학하여 대학과정을 마쳤다. 귀국해서 2012년에 태평양에서 인턴으로 근무하게 되었다. 호경이 역시 33세로 결혼이 걱정되는 나이였는데 9살 연하인 윤제를 만나고는 사랑하는 사이로 발전했다.

처음에 윤제 집에서는 나이 차이가 너무 크다는 이유로 반대했지만, 그들의 사랑을 이기지는 못했다. 우리 부부는 얼굴 화장 한 번 한 일이 없다는 윤제의 참하고 학구적인 모습에 보자마자 합격이었다. 미국 지사 근무를 마치고 귀국할 즈음 삼성그룹사에서 근무하던 아버지가 석사학위 과정을 위해 미국에서 체류하던 중 태어나 미국 시민권을 가지고 있었으며 어릴 때부터 영어를 계속 사용해 와 영어 실력이 원어민 수준이었다.

2012년 하반기에 윤제 부모와 상견례를 하고는 2013년 1월 5일에 우리 교회 목사님의 주례로 결혼하게 되었다. 호경이가 회사의 지원으로 2015년부터 조지워싱턴대학에서 석사과정을 이수하던 중 뉴욕 바Bar: 변호사를 의미하기도 한다를 획득했다. 그때 윤제는 IBRD의 직원으로 채용되었고, 귀국하고 나서도 파트타임으로 근무하다가 2023년 12월부터는 인천 송도 국제업무지역에 본사를 둔 GCMGreen Climate Fund이라는 국제기구에 평가담당관으로 채용되어 근무를 시작했다.

호경이 부부는 2017년 4월에 우리에게 귀한 손녀를 선물해 주었다. 육아도 쉽지 않을 텐데 윤제는 계속 공부해서 2022년에 박사학위를 취득했다. 윤제는 특이한 전공을 선택했다. 후진국을 여러 측면에서 도와주어 빈곤을 줄여주기 위한 국제개발학이라는 학문이다. 앞으로 윤제의 활약이 무척이나 기대된다. 우리나라도 60여 년 전까지 여러 나라의 적극적인 지원으로 오늘에 이르지 않았던가.

윤제는 우리 부부에게 지연이와는 다른 느낌으로 사랑이 넘치게 해준다. 항상 참한 모습으로 변함없이 대해 주는 모습이 사랑스럽다. 요즈음 시부모에게 집 현관의 비밀번호를 알려주는 며느리는 거의 없다고 하는데 우리는 비밀번호를 알고 있어 언제든지 방문한다. 호경이와 윤제는 늘 학문과 열정 그리고 가족의 중요성을 강조한다. 그들은 서로를 존중하며 풍요로운 가정을 이뤄나가기 위해 힘을 모으고 있다. 윤제가 이루어낸 성과는 우리 부부에게 희망을 주며, 그녀의 노력은 어떤 상황에서도 성공을 이룰 수 있는 힘을 보여준다.

큰며느리인 지연이가 윤제보다 오히려 2살이 적기 때문에 윤제에게 '언니'라고 부른다. 옛 관습에 의하면 허용될 수 없는 일이지만 귀엽다. 지연이와 윤제가 서로 다른 성향을 가지고 있기 때문에도 더욱 더 잘 어울리는 동서지간이다. 두 사람이 서로를 소중하게 생각하고, 사랑하고, 아끼는 모습을 보면서 감동을 받는다.

생텍쥐페리는 "가장 아름다운 것은 눈에 보이지 않는다"라고 했다. 두 며느리와 그들의 사랑은 나이나 문화, 태생의 차이를 초월하고 눈에 보이지 않는 아름다움을 찾아내어 가족과의 조화로운 관계를 구축한다. 그것은 호준이와 호경이의 사랑을 더욱 굳건하게 하고, 두 가족의 행복을 더욱 풍요롭게 만들어줄 것이다. 지연아, 윤제야, 사랑한다.

제5장

나눔

나눔의 화신, 김인권 병원장

"이제 뜸 그만 하고 지금 당장 수술해."

고등학교 동기인 서울예스병원의 김인권 병원장이 내 무릎 관절의 엑스레이 사진과 MRI 사진을 판독하더니 즉시 내린 진단 결과이다. 2015년 경영하던 회사를 정리하고 나서는 한동안 동기들 모임도 잘 나가지 않고 책쓰기와 세미나, 강의 또는 컨설팅하는 데만 초점을 맞추고 살았다. 2022년 말 동기들 모임에 나갔다가 여수애양병원장을 하던 인권이가 죽전에 있는 서울예스병원장으로 왔다는 것을 알고는 바로 병원을 방문하여 받은 진단이다. 젊어서부터 허리와 무릎 관절이 고질병이었던 나는 미리 계획되어 있던 미국 여행을 다녀오면 2023년 2월에 수술받기로 약속했다.

그는 서울대학교 의과대학을 졸업하고 레지던트 시절인 1977년 10월에서 이듬해 3월까지 한센병 환자를 돌보는 소록도에서 보냈다. 당시 전문의가 되려면 6개월 동안 의사가 없거나 의료기관 시설이 없는 의료 취약지역에서 일해야 하는 규정이 있었다. 그는 소록도 병원을 선택했다. 그때 일주일간 휴가를 얻은 인권이는 놀러 가는 대신 한센인들이 모여 사는 여수애양원을 방문했다고 한다. 그 후 군의관 복무를 시작할 때 공중보건의로서 국립소록도 병원 근무를 자원했다. 아내와 생후 60일 된 딸도 함께 가서 살아야 하는 쉽지 않은 결정이었다. 그와 같은 결정에 함께한 그의 아내도 존경스럽다.

여수애양병원은 1909년 미국 남장로교 소속 윌리 해밀턴 포사이트 의료선교사가 한센병 환자를 치료하기 위해 설립했다. 1959년부터 토플 선교사가 한센인들을 돌보며 애양병원을 운영했다. 김 원장은 공중보건의 시절부터 토플 선교사가 미국으로 돌아가자 자신이 소록도와 애양병원을 오가면서 그의 빈자리를 채우고 있었다. 공중보건의를 마친 1983년 모교인 서울대 의과대학에서 제시한 교수 자리도 뿌리치고, 여수애양병원 정형외과 과장으로 부임하여 부원장을 거쳐 1995년부터 원장으로 일했다.

환자 수에 비해 턱없이 적은 인원의 의사 수로 인해 밤 10시까지 쉼 없이 환자를 돌보는 나날이었다고 한다. 1998년으로 기억하는데 여수에 출장갈 일이 있어 간 김에 그를 만나고 싶어 전화했다. 낮에 여러 번 통화를 시도했으나 연결되지 않다가 저녁 늦게서야 "왜 전화했어?"라고 답신이 왔다. 하루 종일 수술실에 묶여 있었기 때문이란다. 어렵사리 점심 약속을 하고는 그의 병원을 찾았다. 애양병원은 여수공항 바로 옆에 있었다. 점심을 함께하고 그가 추천한 대로 병원 앞에 있는 한센인 보호시설, 병원을 찾는 보호자들이 묵을 수 있도록 예쁘게 지어놓은 숙박시설, 애양원교회의 헌금으로 건축하게 된 손양원 목사1948년 일어난 여순 사건 때 자신의 두 아들을 살해한 범인을 양자로 입양한 사람으로 한국인으로서는 처음으로 애양병원 원장을 역임 기념관을 돌아보았다.

당시 교회에서 성가대장을 오래 맡고 있었는데, 성가대원들의 하계수련회를 여수애양병원에서 하면 좋겠다고 생각했다. 마침 병원 숙소를 1박 제공할 수 있다는 연락을 받고는 여수에서 1박하면서 손양원 목사 기념관 관람, 한센인 보호시설 수용자분들과 함께 예배, 소록도 인근 녹동에서 1박하면서 국립소록도병원을 보고 낙안읍성을 거쳐 서울로 돌아오는 일정을 계획했다. 관광버스 1대에 가득 찰 정도로 성가대원들이 참여한 은혜 충만했던 그날의 수련회는 지금도 기억에 생생하다.

그는 서울대학교와 협업하여 케냐, 아프가니스탄, 연길, 미얀마, 라오스 등 의료 취약지역에 지속적으로 방문하여 봉사했고, 그 지역의 의사들을 한국으로 초청하여 의료기술을 전수했다. 덕분에 김 원장이 수술했던 환자들의 사후 관리까지도 원활하게 진행될 수 있었다. 나도 젊어서부터 꿈이기는 했지만 그 모습을 보고는 2017년부터 아프리카 영어권 지역인 케냐, 우간다, 에티오피아에서의 선교활동을 과감하게 자원하게 되었다.

그는 국민훈장 무궁화장을 비롯하여 수많은 상을 받았다. 그가 2016년도에 중외제약의 재단으로부터 받은 성천상의 부상이 1억 원이었는데 이전에 서울대 의대 정형외과에서 받은 도움에 부응하기 위해 5천만 원을, 4천5백만 원은 문화재단과 은사님께 기탁하고 아내에게는 나머지 5백만 원을 주었다고 한다. 어떻게 그럴 수 있는지 쉽게 이해되지 않았다. 2016년에 애양병원장을 은퇴하고 나서도 3년간 환자들을 떠나지 못하고 명예원장으로 재직했다. 그 후 바로 죽전에 있는 서울예스병원의 병원장으로 부임하게 되자 여수의 환자들을 멀리 떠날 수 없어 죽전과 여수 중간 위치인 충남 아산군에 거처를 마련하여 이사했다고 한다.

한때 무좀으로 오랜 기간 고생하고 있었는데 그 사실을 알게 된 김 원장이 내게 병원에서 사용하는 무좀약을 소포로 보내준 적이 있다. 그 약을 한 달간 바르고는 말끔하게 고쳤다. 한센인들을 고치는 애양병원의 피부 치료제는 역시 최고였다. 일반적으로 유명 정형외과 의사들이 평생 1만 회에서 1만 2천 회의 수술을 한다고 하는데 김 원장은 4만 회 이상의 수술을 했다고 한다. 2023년 2월 초에 그로부터 오른쪽 무릎 관절 수술을 받고 지금 재활을 거쳐 건강한 모습으로 거리를 활보하고 있다. 감사하기 짝이 없다.

마더 테레사는 "사랑은 행동이다", "작은 일에도 큰 사랑을 실천하라", "나눔의 손길은 최고의 치유제이다"라고 했다. 김 원장은 일반인들이 근접하기조차 힘든 나눔의 화신이다. 그저 말로만 나눔이 아닌, 실제 행동으로써 사랑을 실천해 왔다. 나눔의 기적은 작은 순간에 시작되고 큰 성과를 이루어낸다. 그의 의료 봉사와 나눔의 정신은 최고의 선물 중 하나라고 할 수 있다. 그의 손길은 환자의 몸과 마음이 어떠한 상태에 있든 치유하는 힘을 지니고 있다. 그가 나의 친구라는 것이 자랑스럽다. 그의 숭고한 삶을 조금이라도 닮고 싶다.

나는 대부도가 좋다

2016년 1월 어느 날 장모로부터 전화를 받았다. 아내는 집안의 다섯 자녀 중 둘째이면서 둘째 딸이다. 언니는 뇌성마비 장애를 가지고 태어나 혼자 걷는 것과 말을 하지 못한다. 집안의 맏딸 역할을 하던 아내가 대학 1학년 때 같은 교회를 다니면서 같은 학년이었던 나와 연애를 시작할 수 있도록 다리를 놓아준 사람이 바로 장모이다. 나보다 한 살 어린 장남을 비롯해 세 아들이 있지만, 집안의 중요한 일은 맏사위인 나와 상의해 주었다.

일생을 정원이 있는 집에서 살다가 암으로 투병하던 장인의 유사시를 위해 인천에서 교회 목회를 하는 처남집 근처 아파트로 이사했다. 이사한 지 4년여 만에 장인어른이 타계하고 나서는 만날 때마다 정원이 있는 집으로 이사하고 싶다고 말했다. 결국 2003년 초에 장모가 여러 곳을 방문한 후 최종적으로 결정한 대부도 바닷가 근처에 위치한 230여 평의 부지에 예쁜 집을 지었다. 당시 너무나도 기뻐하던 장모의 모습이 지금도 생생한 기억으로 남아 있다.

장모는 잘 걷지는 못했지만, 일류 정원사 수준으로 정원 관리를 잘했다. 150평가량의 정원에는 고운 잔디 주위로 아름다운 정원수들이 많이 심겨져 있다. 우리 부부는 매주 한 번 장모의 대부도 집에 방문하여 10여 평 남짓한 텃밭을 가꾸며 근처 해솔4길해변길을 걷는 것이 일상이 되었다.

대부도로 이주한 지 13년 후인 2016년 1월, "방 안에서 넘어졌는데 꼼짝 못하고 누워 있으니 당장 와 주겠나?'라고 전화하셨다. 급히 달려가 보니 안방 침대 옆에 넘어진 상태로 계속 누워 있었던 것이다. 즉시 인천의 한 대형병원에 입원해서 수술받았다. 의사의 말대로 수술 후에 지팡이나 바퀴가 달린 지지대 없이는 걷지 못하게 되었다. 장애인인 처형도 걷지 못했기 때문에 대부도 집에 두 사람만 살도록 할 수가 없었다. 마침 2015년도에 22년간 운영하던 IT 전문 기업을 처분했던 터라 장모가 살아 있는 동안 대부도로 이주해서 살겠다고 결심했다.

집 지을 당시 우리 골목에는 장모집 한 채만 있었지만, 이제는 8채로 가득 찼고 그중 여섯 가정은 2019년 초부터 매월 첫째 주 일요일에 함께 모여 행복한 만찬을 즐기고 있다. 하루는 하나밖에 없는 손녀를 위해 정원 한구석에 가제보세운 정자로 지붕이 덮여 있는 구조물를 세우려고 총 무게 160kg이 넘는 부품들을 주문하여 조립하려고 모두 펼쳐놓으니 정원에 가득 찼다. 아침 일찍부터 낑낑대며 조립하는데 나같은 왕초보에게는 너무나도 버거운 일이었다. 도대체 내가 이 일을 어떻게 해내겠다고 바보같은 결정을 했는지 후회가 막심했다. 일주일이 걸려도 해낼까 말까였다. 그런데 오후 1시쯤 철 구조물 조립 제작 사업을 하는 이웃 동생이 그날따라 출근하지 않고 집에 있다가 낑낑대는 내 불쌍한 모습을 보더니 한마디했다.

"형, 미쳤시유? 공부만 하던 사람이 그걸 혼자 조립한다고 그리야."

그러더니 조립을 위한 대형 사다리와 각종 전문 도구들을 들고 달려왔다. 조금 있으니 역시 비슷한 일을 하는 우리 동네 막내가 그날따라 일찍 퇴근하여 자기 집 사다리와 도구들을 들고 와서 합세했다. 오후 5시경 조립이 끝나고 멋진 가제보가 탄생하여 손녀뿐 아니라 골목길 이웃들을 비롯하여 많은 친지들이 바비큐를 즐기는 멋진 장소가 되었다.

2017년부터는 아내가 동네 이웃 아낙 4명과 함께 매월 한 번씩 점심식사하는 모임이 생겼고, 2019년부터는 동네 행정복지센터에서 주관하는 라인댄스, 노래교실, 요가 강습회에 참석하기 시작해 건강도 챙길 뿐 아니라 훌륭한 말동무들이 생겼다. 지금은 서로 나누는 것이 일상이 되었다. 가끔 "띵동" 해서 나가보면 이웃집에서 김치며, 나물이며, 밭에서 캔 야채, 감자, 고구마와 과일 등이 놓여 있다. 우리도 마찬가지다.

전원주택의 삶은 은퇴 후 많은 사람들이 꿈꾸는 판타지이다. 그러나 실패하는 경우도 매우 많다는 것을 알아야 한다. 대부도에도 이웃끼리 반목하고 서로 인사조차 하지 않는 동네도 많다. 미리 잘 기획된 기반 위에 주택들이 건설되는 것이 아니기 때문에, 특히 하수도관 문제로 이웃 다툼이 많다. 자신의 부지 밑으로 지나가는 하수구를 막아버려 돈을 요구하는 경우도 허다하다. 맹지4면에 도로가 없이 중간에 위치한 땅의 경우 많은 다툼의 요소가 되기도 한다. 최초 주택을 건축한 사람이 욕심을 내어 이웃의 부지를 침범한 경우라든지 부실 건축으로 인한 가옥 자체의 문제점 등 숨어 있는 문제가 많다. 그렇기 때문에 부동산 경기가 조금이라도 나쁘면 헌 집을 보러 오는 사람조차 별로 없다.

상대적으로 도시처럼 이웃이 많지 않아 베푸는 삶을 실천하거나 특별히 좋은 이웃을 만나기 전에는 부부끼리 모든 일을 해결해야 하므로 생활의 질이 크게 떨어져 결국 도시로 돌아가는 경우도 많이 보아왔다. 도시보다 연료비 등 생활비도 많이 들어간다. 생활에 필요한 물건을 저렴하게 살 수 있는 대형마트도 최소한 20킬로미터 이상 운전해야 갈 수 있다. 아파트에서는 신경 쓰지 않아도 되었던 집 고장 수리도 대부분 자신이 해결해야 한다. 잔디나 정원 관리, 특히 매년 새롭게 나타나는 무수한 잡초들 제거나 텃밭 관리도 호락호락한 일이 아니다.

전원주택에서 행복하게 살기 위한 첫 번째 조건은 베풂의 삶이다. 자신이 먼저 베풀어야 한다. 최소한 Give & Receive, 나아가 Give & Give의 삶이어야 한다. 우리 부부는 하루에 1만 보 이상 걷는 습관을 오래 지속해 왔다. 집 앞 해솔4길을 걸을 때 항시 둘이 손을 잡고 걸었다. 그리고 만나는 사람들마다 먼저 인사했다. 아내가 처음에는 "왜 여자한테 그렇게 친절하게 인사를 해?" 하고 불평하기도 했다. 초기에는 손 잡고 걷는 부부를 볼 수 없었지만, 요즈음 간혹 보이고 이제는 우리보다 먼저 인사하는 사람들도 제법 많아졌다. 앞에서 말한 이웃들도 처음에는 걷다가 만난 사람들이었다. 당초 장모가 타계하면2019년 10월에 타계함 다시 서울 인근으로 이주해야겠다는 생각을 바꾸어 건강만 허락한다면 80살이 넘을 때까지 대부도에서 살기로 마음먹고 대대적인 집수리도 했다. 이제 나는 대부도에서의 삶을 사랑하게 되었다.

마조금길의 바비큐

2016년 1월에 거주하던 성남시 분당의 아파트를 처분하고 2003년에 신축한 장모님 집으로 이사했다. 대부도 서쪽 해변 낮은 언덕 위 '마조금길'이라는 골목에 지은 집으로 230여 평 대지 위에 40여 평의 주택이다. 장모는 워낙 정원 가꾸기를 좋아하여 가운데 잔디를 깔고 그 주변을 각종 나무로 예쁘게 꾸며놓았다. 주택 옆에 만든 15평 규모의 텃밭은 각종 채소와 과일을 직접 유기농법으로 재배하여 우리 가족과 가까운 친지들에게 먹는 즐거움과 나눔의 기회를 제공한다.

2017년 4월에 둘째 아들 부부가 외동 손녀를 선물해 주었다. 손녀가 2살이 되면서부터 한두 달에 한 번꼴로 우리 집에 와서 2~3일 지내고 돌아간다. 이사온 초기에는 나무에 피는 개나리, 철쭉, 배롱나무, 자목련 등의 꽃을 제외하고는 꽃이 많이 없었다. 아내도 꽃을 무척 좋아했지만 역시 손녀보다 우선순위에서 밀린다. 손녀와 아내를 위해 2018년부터 각종 꽃씨를 구해 정원 주변에 심기 시작했다.

2019년에는 대형 텐트, 16명이 함께할 수 있는 테이블과 의자

세트, 큰 텐트 주위를 밝혀줄 20개의 LED등, 대형 우산과 함께 6인용 야외 테이블 세트, 바비큐 세트, 정원 4면을 밝혀 줄 18개의 태양전지 LED등, 야외창고 등 각종 정원 가구를 설치했다. 방방이, 해먹, 3미터×2미터 조립식 수영장도 설치했다. 2021년에는 3년차된 대형 텐트의 천이 햇빛에 바래고 바람에 일부 찢어져서 텐트는 치워버리고 그 자리에 여닫이 모기장이 있는 대형 피민믹 철제 가제보를 설치했다.

우리의 작은 천사, 손녀는 마조금길의 행복한 주인공이다. 한번 오면 집에 돌아가고 싶어 하지 않는다. 아침을 먹고 나면 바로 정원에 나가 방방이부터 탄다. 정원에서 바비큐 파티를 즐기며 특별한 순간을 맛본다. 과일과 야채를 따면서 어린이의 순수한 행복을 누린다. 할머니와 함께 꽃씨를 심고 가꾸면서 자연과 어울려 살아간다. 5월에는 손녀가 심은 분홍색과 노란색 달맞이꽃, 7월 중순부터는 백일홍이 만발한다. 우리 정원의 꽃들은 사랑의 흔적이다. 손녀의 웃음소리와 함께 꽃들이 피고 지고, 빛나고 사라지는 것을 보며 우리는 가족과 친지들과의 소중한 순간을 만들어가고 있다.

장모가 심은 꽃나무들과 2018년부터 나와 손녀가 심은 꽃씨들은 4월의 개나리와 철쭉으로 시작하여 10월의 백일홍과 국화 등 각종 꽃들이 정원 주변을 채워준다. 특히 날씨 좋고 꽃이 만발하는 5월과 10월은 손녀뿐 아니라 나와 아내 친지들의 바비큐 장소가 되었다. 고등학교와 대학교 동기 부부 25명가량이 대형버스를 대절하여 우리 집을 방문하기도 했다. 대학교 동기들로 구성된 중창단도 우리 집에서 함께 중창 연습을 하고 바비큐를 즐기기도 했다. 교회에서 75세 이상 시니어 30여 명을 모시고 매년 시행하는 '은빛나들이' 행사를 우리 정원에서 했다. 참석자들이 지금도 교회에서 우리 부부를 보면 정말 즐거웠다는 이야기를 한다.

바비큐 파티를 할 때는 각종 고기나 소시지 등을 먼저 구워 먹은 다음, 대부도의 명물인 바지락 칼국수나 생선매운탕을 유명 식당에서 주문하여 식사로 제공한다. 아침부터 텃밭에서 각종 야채를 따고, 각종 그릇과 반찬을 가제보에 차려놓는 등 바비큐와 식사 준비를 하려면 몸은 피곤하다. 그러나 모든 잔치가 끝나고 나면 참석한 사람들이 정리를 도와준다. 함께한 모든 사람들의 즐거웠다는 말을 들으면 어떤 행복감과도 비교하기 어렵다.

그런데 문제가 있기는 하다. 식당에서 모이면 호스트가 비용을 전담하든가 서로 분담하면 된다. 그런데 집에 초대하면 초대받은 사람이 선물을 준비해야 한다는 부담을 가지게 된다는 점이다. 우리 집에서 바비큐 파티를 할 때에도 실제 많은 사람들이 선물을 준비해 온다. 아내와 함께 두 식구가 모두 처분하기에는 넘치는 선물이 쌓인다. 우리는 그 선물을 다시 이웃이나 친지들과 나눈다. 결국 나누며 사는 재미가 추가되는 것 또한 행복감을 더해 준다.

2019년부터 시작하여 대부도 집에서 바비큐를 즐긴 우리 부부와 둘째 아들 친지들의 연인원은 200명이 넘는다. 이제는 친지들 사이에 소문이 나서 "왜 우리는 초대하지 않는거야?"라고 불평하는 소리도 간혹 듣는다. 서울 인근에 사는 친지들이 우리 집에 와서 바비큐를 즐기기 위해 모두의 일정을 맞춘다는 것이 그리 쉽지 않다. 주말에는 관광객들로 인해 대부도 입구인 10여 킬로미터 길이의 시화방조제가 주차장이 되듯 서행하기 때문에 주중 하루를 선택해야 하는 것도 쉽지 않은 과제이다. 그러나 일단 정해지면 즐겁다.

영화배우 엘리자베스 테일러는 한 방송 인터뷰에서 "전원주택의 아름다운 정원에서 바비큐 파티를 하면 마치 영화 속 한 장면처럼 느껴집니다. 가족과 친구들이 모여 음식을 먹고, 이야기를 나누고, 웃고 떠들면 세상의 모든 것을 잊을 수 있습니다"라고 말했다. 우리 집에서 정다운 이들이 모이면 영화 속 한 장면처럼 느끼며 피곤한 일상을 잊을 수 있다. 마조금길의 바비큐 파티는 단순한 음식 먹기 이상의 의미를 담고 있다. 사랑과 행복으로 가득한 바비큐와 함께 미소와 이야기로 소중한 순간을 만들어간다.

니 구구단도 못 외우나?

국민학교지금의 초등학교를 친구들보다 한 살 먼저 입학했다. 어머니의 욕심이었다. 일단 시작해보고 견뎌내면 지속하고, 떨어지면 다시 시작하겠다는 생각이었단다. 나와 같은 학년인 사촌이 있다. 그는 나보다 한 살 많지만 5~6살 때 이미 한글을 모두 읽을 수 있었고 노래도 잘 했다. 나는 글도 읽을 줄 모를뿐 아니라 부를 줄 아는 노래도 없었다고 한다.

당시 적령이 아니면 입학할 수 없었다고 하는데 아마도 어머니가 학교에 자신의 의지를 잘 설명하여 승낙을 얻어낸 모양이었다. 그런데 내가 잘 따라가더란다. 그래서 그대로 2학년으로 올라갈 수 있었다. 우리 집은 그때 덕수궁 뒤편으로 이사했다. 가장 가까운 학교가 당시 서울에서 제일 좋다고 이름난 덕수국민학교였다. 어머니는 또 실력을 발휘하여 덕수국민학교로 전학시키셨다. 반에 들어가니 시골학교에서 갓 올라온 촌뜨기 같았다. 옷들도 잘 차려입고 잘 생긴 아이들만 있는 것으로 느껴져 어깨가 좀 처졌다. 그 학교에서는 3학년까지는 한 책상에 남녀를 같이 앉혔다.

3학년 때 어머니가 명동에 다방을 개업하고 나서는 아침 일찍

나가면 저녁 늦게야 귀가했다. 우리 3남매는 나이 많은 도우미 할머니가 돌봐주셨다. 나는 잘 됐다고 생각했던지 공부는 하지 않고 매일 놀기만 했다. 그러니 수업을 쫓아갈 수 없었다. 그럭저럭 4학년으로 올라갔다. 그런데 심각한 문제가 생겼다. 학기 초에 담임 선생님이 구구단을 외워보라는 것이었다. 공부를 전혀 하지 않았는데 외울 수가 있나. 선생님이 버럭 화를 내면서 "당장 어머니께 학교에 오시라고 해"라고 소리치는 것이다.

그날 반 아이들 앞에서 창피하기 짝이 없었다. 성적표야 나와 부모님만 보면 되지만 친구들 앞에서 이렇게 당하다니. 남학생들은 그렇다 쳐도 여학생들 앞에서는 더욱 그랬다. 4학년이 되자 남녀 동석은 아니었지만 남자 둘 옆에 여자 둘 식으로 배치되었다. 바로 옆 책상에 앉아 있던 내게 잘 대해 주던 여학생한테 너무나도 창피해서 살짝 곁눈질하니 나를 쳐다보지도 않는다. '아이고, 이제 구구단을 외워야겠구나.'

그날 저녁 늦게 들어온 어머니에게 말씀드렸다. "왜 그래?"라고 다그쳐 묻는데 "나도 몰라"라고만 대답했다. 다음 날 학교에 찾아가 선생님을 뵙고 온 어머니에게 혼쭐이 났다. 그때 자존심이 무척이나 센 어머니가 엉엉 울던 기억이 뚜렷이 난다. 그 후 나는 구구단부터 외웠다. 어머니의 질책 때문에도 열심히 외웠지만, 아마도 반 친구들, 특히 그 여학생 때문에도 더 열심히 외웠던 것 같다.

얼마 후 선생님이 다시 나를 일으켜 세워 구구단을 외우라고 했다. 당연히 잘 외웠다. 어깨를 으쓱대면서. 얼마 후 어머니는 다방 운영권을 처분하고 집에서 우리 삼 남매를 돌보시게 되었다. 아마도 그 사건 때문이었으리라. 그 여학생에게 관심을 얻기 위해서라도 빨리 성적을 올려야겠다는 각오를 다졌다. 떨어진 학업 성적은 생각 만큼 빨리 올라가지 않았다. 워낙 앞선 친구들이 많아서였다.

학기말에 아버지가 다시 부산으로 전근간다고 하셨다. 이제야 공부도 좀 하고, 친구들도 생겨 서로 집에 왔다갔다하게 되었는데. 그 여학생이 이제는 나와 말도 잘하고 예전처럼 관심을 보이고 있는데 말이다.

5학년 1학기 초에 외할머니가 부산 국제시장 안에서 운영하던 백화점 근처 남일국민학교로 전학을 갔다. 그 학교 역시 부산에서는 제일 좋다고 이름나 있었다. 지금은 학생수가 줄어서인지 없어졌다. 부산에서 출생하여 살다가 서울로 이사갔는데 다시 부산으로 돌아온 것이다.

신기한 일이 발생했다. 학기 초 첫 시간에는 선생님이 반 학생들 출석을 부르는데 "장동익" 하고 부르니 내 옆에 앉은 키가 훤칠한 학생이 나와 함께 "네"라고 답하는 것이다. 서로 놀라 동시에 "장동익?" 하고 물었다. 그는 나와 '익'자의 한자가 다를 뿐 같은 이름이었다. 그 친구와 한 학년 동안 짝으로 지냈다. 새로운 친구들 사귀랴, 공부하랴 바쁘게 지냈다.

5학년 2학기 때 아버지가 다시 서울로 전근간다고 하셨다. 그때는 학기 중간이었다. 급하게 정한 주거지는 창경궁 근처였고, 학교는 창경국민학교였다. 당시에는 중학교 진학을 위해 입학시험을 쳐야 하므로 어머니가 급히 학교 근처에 사는 적임자들을 물색해서 5명의 과외 그룹을 찾았다. 남학생 2명에 여학생 3명인 그룹이라 내가 추가되어 남녀 동수가 되었다.

   국민학교를 다니면서 가장 즐거웠던 시기였던 것 같다. 6명 모두 가깝게 지내면서 재미있게 공부했다. 6학년 말 때 우리 집은 다시 상도동으로 이사하게 되어 고등학교에서 재회한 친구 외에는 자주 만날 기회가 없었다.

   안타깝게도 여학생 중 한 명은 일찍기 암으로 저세상으로 가고 말았다. 함께 고등학교를 다녔던 친구는 지금도 둔촌동에서 치과의사를 하고 있어 치과 치료 기회가 있으면 먼 거리이지만 그를 만나러 간다. 무척 친절하게 진료하기 때문에 방문할 때마다 많은 고객이 기다리고 있다. 항상 그립고 항상 반갑다.

   중학교 입학할 때, 고등학교 입학할 때, 대학교에 입학할 때 학교가 달라 그동안 만나지 못했던 그리운 친구들을 반갑게 만나게 된다. 멀리 떨어져 있으면 그리워지는 사람이 바로 친구다. 세상은 점차 살기 어려워지지만 친구와 함께라면 힘든 일도 가볍게 느껴진다. 간혹 갖는 술자리에서 오랫동안 보지 못해 그리운 친구가 생각나면 바로 전화기를 든다. 사는 것이 어렵더라도 친구를 생각하거나 만나면 바로 회복된다. 예쁘게 단장해 놓은 집 정원을 보면 '그 친구를 초대해서 함께하고 싶은데…' 하는 생각도 든다.

   "니 구구단도 못 외우나?"가 지금과 같이 많은 친구들을 만들어 준 계기가 아닐까?

영어를 어떻게 배우지?

언어는 문화, 역사, 생활 방식을 이해하고, 새로운 시각을 확장하는 열쇠이다. 그렇다면 새로운 언어를 어떻게 배워야 할까? 고등학교 때 성적이 하위권으로 떨어졌다가 2학년 말부터 멘토로 생각하는 외삼촌 덕분에 공부에 집중하게 되었다. 누가 가르쳐준 것은 아니었지만 가장 부족한 과목 중 하나였던 영어공부를 위해 당시 가장 유명한 참고서를 구입했다. 처음에는 모르는 것이 많아 지루하기 짝이 없었고 숙지하는데 엄청나게 많은 시간이 걸렸지만, 첫쪽부터 끝쪽까지 빠짐없이 이해하며 외웠다. 고3 때 담임선생님도 공부하는 법에 대해 비슷한 설명을 해주셨다. 보충교재를 공부할 때 시험문제를 풀고 나서 점수만 매긴 다음 끝내지 말고, 시간이 많이 걸려도 틀린 문제에 대해서 왜 틀렸는지를 확실하게 이해하고 넘어가야 한다는 것이었다.

일단 긴 시간 고생하여 완전히 이해하고 나니 새로운 참고서를 읽기 시작하여 끝내는 데까지 1주일도 안 걸렸다. 수많은 참고서를 섭렵했다. 영어의 경우 고3 하반기에 시행된 전국고등학생 영어경시대회에서는 최고 성적대를 기록하지 못했다. 그러나 학교

내에서의 성적은 최고 수준이었다. 같은 방식으로 공부하여 대학 입학시험 직전에 시행된 전국 고등학생 경시대회에서 최상위권에 입상했다.

대학 입시를 마치고 바로 시작한 아르바이트는 주로 영어와 수학을 가르치는 것이었다. 내가 공부한 방식대로 참고서를 완전히 외우는 것에서 시작하여 참고서의 시험문제 푸는 법을 함께 가르쳤다. 가르친 학생들의 대학 합격률이 내 수입을 좌우지했다. 대학교 3학년 때는 서울 전역을 뛰어다니며 하루에 2번을 가르친 적도 있었다. 친구들에게 말하기 어려울 정도로 높은 수고료를 받았다.

대학 졸업과 군대 제대 후 S그룹의 주력사인 무역회사에서 근무하면서 영어 숙달이 필요했다. 마침 EBS 방송국에서 영어 회화를 가르치던 한 강사가 강의하는 내용 중 한마디가 내 뇌리에 꽂혔다.

"언어를 배우는 가장 중요한 방법은 우선 귀가 뚫려야 합니다. 그래야 입이 열립니다."

영어 회화 학원에 나가 강의를 듣고 배우는 것은 별 도움이 되지 않고 오히려 뉴스, 드라마, 영화같은 것을 계속 보고 들어야 한다는 것이었다. 처음에는 한글 자판이 있는 것을 보더라도 가능한 한 자판 없는 프로를 보라는 것이었다. 일리가 있었다. 그때부터 퇴근하고 집에 돌아오면 아내에게 부탁하여 AFKN American Forces Korean Network 등 영어 방송을 계속 시청했다.

덕분에 영어 실력이 빠르게 늘었다. 대리 때 수출부서에 근무하기 시작했으나 신입사원 때부터 시작한 직원들보다 내 영어 실력이 더 좋았고 그 결과 수출실적 또한 늘어났다. 수출부서에 합류한 지 2년여 만에 꿈만 같던 로스앤젤레스 지사로 발령받게 되었다.

미국에서 근무하기 이전에는 오랜 기간 외국인 대표의 비서 업무를 담당하고 있던 아내는 TV 코미디 프로를 보면 웃기도 했다. 나는 무슨 이야기인지 하나도 이해를 못 하고 있는데 말이다. 창피해서 따라 웃은 적도 있었다. 미국 지사에서 근무를 시작한 지 2년 정도 지나고부터는 저녁 때 집에 돌아와 TV를 보면 대부분 이해하고, 때때로 폭소하기도 하는데 아내는 "왜 웃어?"라고 이야기 하는 때가 많아지기 시작했다.

그때 두 가지 원칙을 새롭게 확인할 수 있었다.

첫째, 영어와 한국어는 문법 자체가 완전히 달라서 귀로 열심히 듣기만 해서 회화를 익히는 데에는 한계가 있다. 기초 문법부터 완벽하게 익히는 것이 우선이다. 영어 공부를 본격적으로 시작할 때 문법을 거의 완벽한 수준으로 이해했기 때문에 남들보다 빠르게 숙달할 수 있었던 것이다.

둘째, 귀가 열리기 위해 뉴스나 코미디를 보는 것은 큰 도움이 안 된다는 것이다. 나는 아나운서의 발음도 정확하고 이해하기도 쉬워야 할 뉴스가 잘 이해되지 않았다. 특히 코미디 프로를 이해하는 것이 가장 어려웠다. 그 사회 전반을 잘 이해하지 못하는 내게는 뉴스나 코미디의 완벽한 이해에 한계가 있었다.

2015년 말 22년간 경영하던 회사를 접을 때까지 꾸준하게 해외사업을 중심으로 일했다. 2005년경부터는 외국인들과 직접 만나거나 해외 출장가는 기회가 크게 줄어들고, 영어를 사용할 기회가 별로 없어 실력도 크게 줄었다.

  그런데도 4차 산업혁명의 인공지능 기술 덕분에 2017년 8월 1,000쪽에 달하는 구건서 노무사가 개발한 세계적인 수준의 리더십Navigatorship 책자를 7개월만에 영어로 번역했다. 그해 말 영어권인 아프리카 케냐, 에티오피아, 우간다 등지에서 강의 자료 책자가 발간되었다. 아울러 문자를 디지털 음성으로 아나운서 못지 않게 읽어주는 인공지능 기술TTS, Text to Speech: 문자를 디지털 음성으로 읽어주는 기법 덕분에 영어로 그 지역 리더들에게 30시간의 퍼실리테이터 양성과정을 수차례에 걸쳐 성공적으로 실행할 수 있었다.

  요즈음도 영어나 타국 언어를 배우고자 하는 성인들에게 강력하게 추천하는 방식이 세 가지이다. 첫째, 자신의 실력이 어느 정도의 수준인지 파악하고, 그 수준에서 최고의 참고서를 구입하라. 시간이 오래 걸리더라도 처음부터 끝까지 완벽하다고 할 만큼 이해하고 외워라. 둘째, 참고서를 외우고 난 후 가능하다면 유명 드라마나 영화를 처음부터 자막을 보지 말고 이해할 수 있을 때까지 여러 번 시청하라. 귀가 뚫리면 입이 열린다. 처음부터 뉴스나 코미디 시청은 별 도움이 되지 않는다. 세 번째, 영어로 강의하거나 긴 시간 영어로 연설해야 할 경우 문서로 작성된 내용을 스마트폰의 TTS 앱안드로이드 폰의 경우 @Voice나 TalkFREE가 가장 훌륭한 품질의 앱이다에 옮겨놓고 처음에는 속도를 느리게 듣고, 점차 속도를 높여라. 어느 정도 빠른 속도에서도 이해되면 원고를 읽지 않고도 문제 없이 강의하거나 연설할 수 있게 될 것이다.

  새로운 언어를 배운다는 것은 끝이 잘 보이지 않는 여정이지만,

그 여정을 통해 우리는 더 큰 세계를 이해하고, 새로운 가능성을 창조할 수 있을 것이다. 이제는 어학을 전공하지 않아도 특정 언어로 현지인과 유창하게 대화할 수 있도록 훈련하는 것이 가능한 시대가 되었다. 앞으로 관련 기술은 더욱 더 빠른 속도로 발전하게 될 것이다.

모험, 배움, 봉사의 아름다움

미국 지사에 근무할 때부터 은퇴하면 영어권 지역에 나가 선교 활동을 하고 싶다는 소망을 가지고 살았다. 많은 이들이 꿈과 목표를 갖는다. 나의 소망은 미국 최고의 연설가이면서 자기계발 전문가인 에릭 토머스가 말한 "가장 중요한 것은 꿈이 아니라 꿈을 이루기 위한 믿음이다"라는 명언과 어우러진다. 꿈을 실현하려면 자신의 믿음을 강화하고 행동으로 옮겨야 한다.

2017년 9월에 첫 기회가 주어졌다. 한국의 한 선교단체가 아프리카 영어권 국가인 케냐, 에티오피아, 우간다에서 활동하는 선교사와 원주민 리더 20여 명을 한국으로 초빙하여 3개월간 리더십 훈련을 시행하는데 첫 5시간 강의를 영어로 진행해달라는 부탁을 받았다.

IT 회사를 운영하고 있던 1996년 인덕대학교로부터 겸임교수직을 받아 산업경영과 학생들을 가르치기 시작한 이래 서울과학기술대학교당시 서울산업대학교와 단국대학교에서 총 20여 년간 회사를 운영하면서 대학생들을 가르쳤다. 주 과목 중 MBTI와 애니어그램Anneagram을 중심으로 하는 리더십도 있었다. 그러나 이들 이론은 급변하는 현 시대에 맞지 않는 부분이 있다고 생각하던 참이었다.

마침 인사 관련 협동조합의 일원으로 함께 활동하고 있던 구건서 노무사가 개발한 《내비게이터십Navigatorship》이라는 리더십 책을 읽고는 그에 매료되었다. 회사를 정리한 2015년 하반기에 그가 직접 가르치는 30시간의 내비게이터십 퍼실리테이터Facilitator 양성과정이 개설되어 수강했다. 그다음 해에는 동 과정의 영어 버전을 번역하겠다고 자원했다.

2017년 1월 1일 새해 인사 전화를 하면서 영어 번역을 위해 구 노무사로부터 책 3권 분량인 1,000쪽가량의 원고를 받았다. 주로 서울 지역에서 강의가 많아 하루종일 밖에 있다가 대부도 집에 도착하면 저녁이었다. 이동 시나 새벽에만 번역 작업을 하여 7월 말에 최종 교정까지 마칠 수 있었다. '구글 번역'이라는 세계 제1의 번역 애플리케이션이 있었기에 가능한 일이었다.

8월 초 협동조합 회원의 오찬 자리에서 번역을 완료하여 출판 준비가 끝났다고 발표하니 옆에 앉아 있던 한 회원이 외치는 것이다. 그는 아프리카 영어권 지역을 위한 선교단체를 지원하고 있었다.

"형님, 바로 다음 달 중순에 아프리카 영어권 3개국 리더들 20명가량이 3개월간 속초에 와서 리더십 훈련을 받아요. 그 첫 5시간 강의를 맡아줘."

그도 나와 같은 과정을 수료한 퍼실리테이터로서 기회가 된다면 아프리카 지역 리더들에게 그 과정을 가르쳐주면 좋겠다는 생각을 해 왔다고 했다. 영어를 오래 사용하기는 했지만, 영어로 강의해 본 적은 없었다. 그러나 또 하나의 무기가 있어 그 즉시 "알았어. 준비할게"라고 답했다.

그 무기란 바로 스마트폰 앱인데 문자를 읽어주는 TTSText to Speech 기능이다. 먼저 강의할 슬라이드를 준비하고 슬라이드마다 강의할 내용을 정리해서 그 앱에 옮겨놓으면 AI인공지능 음성이 읽어준다. 속도 조절이 가능하여 처음에는 천천히 듣다가 점점 속도를 올려 한달 내내 들었다. 걸을 때나 대중교통으로 이동 중에도 쉬지 않고. 어느 정도 빠른 속도에도 이해할 정도가 되니 강의할 수 있는 능력을 갖추게 되었다. 원래 타 언어를 배울 때 귀가 뚫리면 입이 열리는 법이다.

속초에서 첫날 5시간의 강의 후 수강한 선교단체의 책임자, 선교사 및 현지인 책임자들과 함께 저녁식사를 했는데 모두가 강의 내용에 흠뻑 빠져있었다. 같은 해 케냐에서 리더 훈련이 시행되는데 직접 방문하여 30시간의 퍼실리테이터 양성과정을 개설해달라고 요청했다. 왕복 비행기표와 숙박을 제공하겠다는 내용과 함께. 내 소망이 이루어지는 순간이었다.

케냐 나이로비의 3천 미터 고지에 위치한 리조트에서 시행되는 월요일부터 금요일까지 매일 6시간씩 진행되는 강의였다. 하루는 점심시간에 잠시 한국에서 가르치던 '스마트폰 하나로 스마트워킹' 하는 기법의 일부를 소개했다. 1차 산업혁명 기술에서 바로 4차 산업혁명 기술을 접하게 된 그들 모두 놀라 "Wow" 하고 감탄을 했다. 토요일 저녁 늦게 떠나는 비행기로 귀국할 예정이었는데 금요일 오후 휴식 시간에 반장을 맡은 친구가 다가와 학생들이 토요일은 쉬는 날이지만 모두 오전 9시까지 교육받으러 올 테니 3시간 동안 스마트폰 앱의 놀라운 기능들을 가르쳐달라고 부탁하는 것이다.

금요일 저녁에 숙소에 돌아가 한국에서 강의 시 사용하던 파워포인트 슬라이드들을 영어로 번역하여 준비하느라 한숨도 못 잤다. 토요일 오전 3시간 강의도 폭풍과 같은 열정과 기쁨으로 넘쳤다. 수업이 끝나자 반장이 나를 가운데 의자에 앉히더니 20명가량 수강생 모두가 내 몸에 한 손을 대고는 각자 큰 소리로 기도를 해주었다. 어쩌면 젊은 친구들이 그렇게 기도를 잘하던지. 모두가 울면서 기도했다. 나도 울었다.

2018년 여름에는 우간다 캄팔라에서 1주일간 아프리카 영어권 국가들에서 800여 명이 모이는 선교대회에 참석하여 매일 4차 산업혁명 기술에 대한 4시간의 강의를 요청받아 시행했다. 그 대회에 참석한 에티오피아 아디스아바바 소재 의과대학 부총장으로부터 그해 11월 방문 요청을 받아 수락했다. 12월에는 케냐 나이로비 재방문 요청과 함께.

아디스아바바에는 한국의 한 대형교회가 대형병원 설립과 함께 의과대학을 개설했는데 그 대학 학생들은 에티오피아 국립의과대학의 학생들보다 더 우수하다고 한다. 아디스아바바에서는 의과대학생들뿐 아니라 병원 의사 및 직원, 그 지역 한국인 선교사 및 KOICA에서 파견된 자문관을 모아주어 가르쳤다. 토요일, 일요일도 거르지 않고 매일 하루종일 가르쳤다. 강의는 케냐 나이로비로까지 이어졌다.

한국에 돌아와 목이 심하게 아파 이비인후과 의사를 찾으니 심각한 성대결절에 걸려서 어려서부터 해 오던 교회 성가대 봉사와 강의를 더 이상 하지 말도록 진단받았다. 최근까지도 계속 성대결절 약을 먹고 성가대 봉사와 강의를 지속하고 있다. 그러나 행복하기 그지없다.

미국 배우 오드리 햅번은 아카데미상, 에미상, 그래미상 및 토니상을 모두 받아 영화계의 '그랜드슬램'을 달성했다. 1954년부터 자선과 기부 활동을 시작해 유니세프의 난민 구호 활동으로 50여 개국의 가난한 이들을 구제하는 삶을 살다가 결장암으로 인해 1993년 63세의 나이로 세상을 하직했다. 햅번의 암 소식이 알려졌을 때 "당신은 왜 자신을 희생하면서까지 아이들을 돕는 거죠?"라는 질문에 그녀는 이렇게 대답했다. "이것은 희생이 아니라, 오히려 내가 받은 선물입니다." 그녀의 이야기와 앞에서 소개한 나눔의 화신, 김인권 원장의 이야기는 모험, 배움, 봉사의 아름다움을 우리에게 상기시켜 준다.

햅번이나 김 원장과 같이 유명하지도, 그만한 희생을 자처한 것도 아니지만, 그 아름다운 모습을 일부라도 닮아 자그마한 선물을 받은 것이 행복하다.

미얀마의 빛과 희망

2018년 1월부터 3차에 걸쳐 케냐, 우간다, 에티오피아 등 영어권 지역에 선교활동을 다녀왔다. 2020년 2월에는 7박 8일 일정으로 '빛과나눔장학협회'에서 주관하는 봉사활동에 참여하기 위해 10여 명의 동행자와 함께 미얀마 북서부 타무 지역을 방문했다. 내가 맡은 일은 학생, 교사, 교수 및 학부형들에게 '4차 산업혁명의 기술이 이 세상을 어떻게 바꾸고 있는가?'라는 주제로 강의하고, 다른 행사를 참관하며 돕는 일이었다.

대학생들을 대상으로 하는 첫 강의를 위해 전날 칼레Kalay 대학을 사전 방문하여 부학장을 만났는데 그때까지도 학생들에게 정확한 일정 및 내용은 통보하지 못했다고 했다. '한국에서부터 멀리 가르치러 왔는데 혹시라도 강의 시 몇 명 정도만 앉아 있으면 어떻게 하지?'라는 걱정이 앞섰다. 그런데 다음 날 아침 강의장에 도착하니 180여 명가량 수용하는 큰 강의실에 160여 명의 학생들과 교수들이 빼곡히 앉아 있는 것이었다.

'어떻게 이런 일이 있지?'라며 크게 놀라지 않을 수 없었다. 강의 바로 전날 오후에 교수들과 학생들에게 통보했는데도 그렇게 많은 인원이 모였다. 강의하는 두 시간 동안 조는 사람 하나 없이 열심히 수강하고 연이은 질문, 강의 후 많은 교수와 학생이 내게 와서 인사했던 그 감동이 지금도 뇌리 속에 생생하다.

2월 6일에는 타무 지역에서 선발된 100명의 초·중·고등학생에게 장학금을 전달하고, 같은 주제로 강의했다. 그 행사에 참석한 타무지역의 한 고등학교 교장으로부터 요청을 받아 다음 날 그 지역에 홀로 남아 고등학생과 선생을 위한 특강을 진행하느라 2월 7일에 계획되어 있던 다야콩Dayakong 지역 지원활동에는 동참하지 못했다.

한국에서도 같은 주제로 대학생들을 수차례 가르쳐왔다. 50년이라는 짧은 기간에 엄청난 경제발전을 이루어낸 한국에서 4차 산업혁명의 기술을 일상생활을 통해 경험해 보았던 한국 대학생들이 강의를 듣는 태도와 실생활에서 그러한 기술들을 직접 경험해 보지 못한 미얀마 학생들의 수강 태도는 하늘과 땅 차이라고 해도 과언이 아니었다. 2020년의 미얀마 방문 직후 밀어닥친 코로나19의 영향으로 인해 다시 미얀마를 방문할 수 없어 보다 상세한 내용에 대한 지식을 전수할 수 없었던 것이 매우 아쉽다.

4차 산업혁명의 가장 핵심적인 기술은 인공지능이다. 인공지능은 인류를 위해 특별한 시스템을 별도로 제작할 필요 없이 스마트폰 하나만으로도 스마트워킹할 수 있도록 만들어주었다. 이제는 스마트폰에 손대지 않고 말로만 명령해도 원하는 사람에게 전화할 수도, 외국 땅에서 그 나라 말을 전혀 몰라도 그들과 소통할 수 있는 시대가 되었다. 챗GPT와 같은 거대언어모델LLM: Large Language Model은 몇 시간 또는 며칠에 걸쳐 검색하고 나서야 쓸 수 있는 글이나 업무에 필요한 보고서를 단 몇 초만에 써준다.

2017년부터 국내에서는 이런 기능들을 활용하여 스마트폰 무료 앱을 활용한 다양한 스마트워킹을 통해 재택근무하는 기법, 스마트폰 하나로 책/글/논문 쓰기, 그리고 스마트폰 하나로 세계 자유여행하기 등 세 가지 주제를 중심으로 강의와 컨설팅을 해 오고 있다. 해외에서는 리더 양성을 위한 5시간 과정의 내비게이터십 특강과 30시간 과정의 퍼실리테이터 양성과정, 일상생활과 일을 돕기 위한 스마트폰의 효과적인 활용법 강의를 해 왔다. 이제 스마트폰은 세계인의 필수 소지품이라고 할 만큼 보편화되었다.

우리나라는 한국전쟁 직후 극심한 경제난 속에 당시 아시아 국가로서는 경제적으로 최상위급에 있던 버마미얀마의 이전 명칭로부터 제법 오랜 기간동안 쌀을 지원받았다. 나도 그 쌀로 지은 밥을 먹었던 어린 시절의 기억이 새롭다. 그런데 이제 내가 그 후손들을 도울 수 있게 된 것이다.

청소년들은 한 국가의 미래를 결정하는 기반이 된다. 기술과 혁신은 세계를 더 나은 곳으로 만드는 핵심 열쇠 중 하나이다. 최근 기술은 우리의 삶과 사회를 혁신하고 발전시키는 데 중요한 역할을 하고 있다. 앞으로도 미얀마의 청소년들에게 기술과 혁신에 관련된 지식과 기법 전수를 통하여 수많은 젊은 리더를 양성하는데 조금이라도 도움이 되고 싶다.

인연의 아름다움

어떤 우연이든 상관없이 우리 삶에 찾아온 소중한 인연은 종종 예측 불허의 아름다움을 안겨준다. 나의 삶에 그러한 인연이 피어난 출발점이 바로 상도교회였다. 우리 집은 내가 중학교 입학하기 직전에 상도동으로 이사갔다. 이사 후 어머니가 상도동에서 가장 큰 교회였던 상도장로교회로 출석교회를 정하여 가족 모두 나가기 시작했다.

중·고등학교 학생부 인원이 한 학년에 15명에서 20명가량 되었다. 학생부의 회장은 고등학교 2학년 학생 중에서 맡았는데, 학생부 활동을 열심히 하던 나는 1학년 때부터 2학년 때까지 2년을 맡았다. 덕분에 학생부 전체 선후배들과 폭넓은 교분을 쌓을 수 있었다. 아내도 중학교 2학년 때 친구를 따라 교회에 다니면서 처음 만났다.

매주 토요일 오후에는 주일일요일날 사용하게 될 주보를 만들고, 주일날은 예배시간보다 2시간 정도 일찍 교회에 도착하여 성가대 연습을 하곤 했다. 여름방학 때는 매년 2~3박의 외부 하계수련회를 통해 성경공부와 학생들 간의 영적인 친분을 넓히기도 했다. 학생회장 시절 상도동 소재 교회 학생부 대항 야구대회를 주관하기도 했다. 내 절친이 야구선수로 참여했다가 교회에 출석을 시작하기도 했다. 여자 동급생 중 한 아버지는 원생 300명이 넘는 큰 고아원의 원장이어서 원생들과도 잦은 교류를 통해 일부 원생들이 우리 교회에 출석하기도 했다.

2000년대에 들어서면서 상도교회의 선후배 중 상당수가 미국으로 이민 가서 살고 있다는 소식을 들었다. S그룹의 회장 비서실장 시절 회장과 함께 로스앤젤레스 출장 가 있던 중 회장 부인의 오빠 집 저녁식사에 초대되어 간 적이 있다. 놀랍게도 그 부인이 누나라 부르며 가까이 지내던 교회 3년 선배였다. 고등학교 1학년 때 부회장을 하던 1년 여선배가 샌프란시스코로 이민 가서 살 때 함께 만난 적도 있다. 2학년 때 부회장을 지내던 여자 동기생도 미국으로 이민 갔다.

2017년 오랜만에 아들 결혼식으로 로스앤젤레스에 갔을 때 2년 후배 두 명을 중심으로 열 명가량의 후배들이 우리 부부를 저녁식사에 초대했다. 남동생과 같은 학년이었던 한 후배가 시내에서 제법 유명한 일식당을 운영하면서 로스앤젤레스 한인식당협의 회장을 맡고 있었다. 너무나 반가운 해후였다. 한 학년에 3~5명이 이민 가서 주로 로스앤젤레스 인근에서 살고 있었다.

그 두 명의 2년 후배 중 하나가 오렌지카운티의 가든 그로브에서 큰 안경점을 운영하면서 한인교회의 장로인 정지원이고, 또 한 명이 로스앤젤레스에 살면서 현대상사 미국 현지법인의 사장을 오랜 기간 역임했던 백사훈이다. 그들은 정말 베푸는 삶의 화신들이다. 추수감사절이나 크리스마스 때 큰 후원금을 내놓아 인근 지역의 어려운 노인들을 위해 쌀 등 많은 선물들을 준비하여 나누고 있었다. 특히 2016년에 혼자 되신 어머니에게도 잊지 않고 많은 선물을 가져다주었다고 한다.

그들 덕분에 큰아들의 결혼식 때 많은 후배가 참여하여 풍성하게 치를 수 있었다. 2015년도에 회사를 정리하고부터 국내에서는 골프를 중단했지만, 그 두 사람이 우리 부부가 방문할 때마다 골프와 교회 동지들의 식사 모임을 주선해 왔다.

후배들과의 식사 모임에서 한국에서 가르치는 '스마트폰 하나로 스마트워킹하는 기법' 일부를 소개했더니 백 사장이 즉시 자신의 회사 직원들에 대한 특강을 부탁해서 흔쾌한 마음으로 강의를 했다. 강의료를 절대 받지 않겠다는 나의 주장은 그의 강권을 이기지 못했다. 서울에 돌아와 그의 봉투를 열어보니 500달러나 들어 있었다. 그 후 정 장로가 출석하는 교회의 시니어들을 위해 특강을 해주었다. 정 장로 역시 금일봉을 준비했지만 그때는 내가 이겼다. 받지 않았다. 자그마한 봉사를 한 것이 행복했다.

큰아들이 근처에 살고 있어 혼자 사시는 어머니에 대한 걱정을 덜하기는 하지만, 이들 두 베풂의 화신이 근처에 살고 있어 참으로 든든하다. 어릴 때 집안이 어려워 학업을 늦게 시작했다는 이야기를 알고 있어 하루는 정 장로에게 나이를 물어보았다. 51년생이라는 것이었다. 2년 후배이지만 초등학교를 1년 먼저 입학한 나와 같은 해에 태어났다. 생일을 따져보니 11월 말 태어난 나보다 빨랐다. 항상 선배로 대접하던 그에게 "이제부터 나와 친구하자"면서 바로 반말하자고 제안했다. 처음에는 잘 못하더니 1, 2년이 지나자 자연스럽게 말을 놓기 시작했다. 그와 함께 만나는 1살 어린 백 사장에게도 같은 제안을 했지만, 아직도 반말이 좀 어설프다.

벤자민 프랭클린은 "사랑은 나눔에서 비롯되고, 베풀 때 우리는 진정한 풍요로움을 얻는다"라고 했다. 이들과의 소중한 만남은 인연의 아름다움과 나눔의 소중함을 깨닫게 해주며 마치 별빛처럼 내 삶을 밝혀주고 있다. 인생은 이처럼 뜻하지 않은 만남들로 가득 차 있다고 할 수 있다. 지원아, 사훈아, 보고 싶구나.

감사 나눔

때로는 우리 삶에서 작은 만남이 놀라운 일들을 이루어내곤 한다. 나를 이렇게 연결해준 열쇠가 우리 인생에서 빛나는 보석인 감사 나눔이었다. 내게 '스마트폰 하나로 책과 글쓰기' 강의를 들은 적이 있는 (사)감사나눔연구원장 양병무 교수가 2023년 6월 어느 날 전화를 했다. 감사나눔연구원은 비영리법인으로 '감사나눔을 통해 나와 가정과 조직을 행복하게 하고, 나아가 우리나라 국민과 세계 모든 사람들이 좀 더 행복한 삶을 사는데 이바지한다'는 미션을 가지고 있다. 군부대 장병들의 인성교육과 사회 취약 계층인 교정교화시설교도소 수용자들의 건강 증진과 인성 함양을 함께하는 프로젝트에 힘써 왔다.

감사는 나눔으로써 완성된다. 감사 편지를 쓰는 교화 활동은 수용자들이 자신의 삶을 돌아보고 감사하는 마음을 키우는 데 도움이 된다. 또한, 그 감사 편지를 세상과 나누는 것은 수용자들이 사회와 소통하고 관계를 맺는 데도 도움이 된다. 감사는 단순히 고마움을 느끼는 것이 아니다. 감사는 삶의 가치를 발견하고 의미를 부여하는 것이다. 감사를 통해 우리는 삶의 희망을 찾고 행복을 누릴 수 있다.

수년 전에 한 교화시설 수용자를 위한 교화 활동의 일환으로 수용자가 매일 감사 편지를 쓰도록 하고 그중 훌륭한 내용을 감사 나눔 신문에 게재하는 활동을 시작했다. 그 효과가 크게 인정되어 국내 전 교화시설로 확산되었다고 한다. 오프라 윈프리가 "감사하면 더 많은 감사를 찾게 된다"라고 말한 내용이 현실화된 것이다.

그 교화 활동에 내 도움이 필요하니 지원해달라는 내용의 전화였다. 대부도 집을 떠나 여의도 사무실로 가면서 '나는 스마트폰 기능을 위주로 가르치는 사람인데 스마트폰을 활용할 수 없는 수용자를 위한 교화활동에 무슨 도움이 되지?'라는 의구심을 가지고 사무실에 도착했다.

사무실에 들어서자 군에서 제대하고 복학하여 대학을 함께 다니고, 사회에 나와서도 계속 가깝게 지내던 제갈정웅 대학 3년 선배가 반갑게 맞이하는 것이었다. 지난 10여 년 동안 만나지 못했었다. 함께 있던 양병무 교수가 "이분이 연구원 이사장이십니다"라고 하는 것이다. 얼마나 놀라고 반가웠는지 모른다. 이사장이 슬며시 내 앞 테이블에 두께가 족히 10여 센티미터는 되어 보이는, 수용자가 가득 필기한 종이 묶음을 내미는 것이다. 그 묶음을 보고 바로 내 일이 무엇인지 감을 잡았다.

사진 찍으면 문자화하는 ITT(Image to Text) 기술이 2022년 초부터는 활자로 인쇄된 이미지뿐 아니라 사람이 쓴 글씨까지도 딥러닝을 통해 문자화해 주었다. 이제는 좀 흘려 쓴 글씨까지도 인식하여 거의 정확하게 문자화해 준다. 그런데 연구원에서는 직원들이 그 감사편지들을 PC로 타이핑해 왔던 것이다. 나는 도착하자마자 이사장, 원장, 직원들에게 'vFlat'이라는 스마트폰 앱을 활용하여 필기한 이미지 100쪽을 계속 사진 찍어 즉시 문자화하는 기술을 보여주었다. 100쪽이나 되는 필기된 내용을 타이핑하려면 얼마나 걸릴까? 그런데 100쪽을 한꺼번에 문자 인식하는 기술은 10분 정도면 된다.

구경하던 임직원들의 탄성이 터져나왔다. 그날 바로 2시간 정도 교육을 시행했다. 그 후 재교육을 위해 다시 방문했을 때 제갈 이사장이 '감사나눔연구원 디지털연구소장'이라는 명함을 찍어 내게 주었다. 나의 작은 기술로 수년 동안 여러 사람의 지원과 노력으로 이루어놓은 연구원에 조금이라도 도움될 수 있으리라는 감사함을 느끼는 순간이었다.

연구원과 '감사나눔신문'을 설립하고 신문사를 운영하던 김용환 대표가 2023년 7월에 소천하시면서 사무실 규모를 축소했다. 하루는 이사장이 전화해서 사무실 임직원들이 재택근무 위주로 근무 형태를 바꿀 수 있도록 스마트워킹 기법을 강의해달라고 요청했다. 짧은 시간이기는 하지만 이미 교육한 내용도 있어 5시간의 과정으로 진행했다. 지금은 스마트워킹 기법을 활용하고 있는 것으로 알고 있다. 연구원 임직원들이 감사나눔과 기술을 결합하여 사회에 보다 효율적으로 봉사하는 방법을 찾아내게 된 것이다. 이것은 사랑과 지혜의 조화이다.

앨버트 슈바이처는 "나눔은 풍요를 키우는 비밀이다"라고 했다. 나눔과 감사는 서로를 이어주는 매듭이다. 연구원은 그 매듭을 풀어가며 우리 모두에게 영감을 주고 있다. 함께 감사의 가치와 나눔의 힘을 알고 실천하면, 세상은 더 따뜻하고 풍요로워질 것이다. 감사는 마음의 문을 열고 나눔은 세상의 문을 열어주기 때문이다.

부록

인공지능의 3대 기술

스마트폰 하나로 책과 글쓰기

스마트폰 하나로 스마트워킹

챗봇 활용하여 책과 글쓰기

왕초보 첫 공저

인공지능의 3대 기술

인공지능AI, Artificial Intelligence, 딥러닝에 의해 다음 세 가지 기술이 가장 큰 발전을 하고 있다.

첫째, 로봇기술의 괄목할 만한 성장이다.

1960년대에 시작한 산업용 로봇을 시작으로 1990년대 이후부터 기본적인 지능을 가진 걸어 다니는 로봇이 개발되었다. 2000년대의 네트워크기술과 로봇기술을 융합하는 네트워크 로봇 시스템이 소개되었다. 네트워크 로봇이란 다른 종류의 로봇이 네트워크를 거쳐 연대하여 한 대만으로는 불가능한 서비스를 실현하는 로봇을 말한다. 네트워크 로봇은 언제 어디서나 인간에게 다가와서 필요한 서비스를 제공하는 유비쿼터스 기능을 제공하는 것을 목표로 한다. 앞으로 움직이는 로봇뿐 아니라 우리 주변 어디에든지 로봇이 장착되어 인간의 지시를 따라주게 될 것이다. 마치 SF 영화에서나 볼법한 일들이 현실로 다가오고 있다. 냉장고에 대고 "세탁기 돌려!" 또는 차 안에서 "지금 집 에어컨 돌려!"라고 지시하면 세탁기가 바로 돌아가거나, 집에 있는 에어컨이 작동되기 시작한다.

둘째, 음성, 이미지, 영상인식 기술의 발전이다.

로봇을 움직이게 하려면 우선 사람이 음성으로 지시를 내려야만 한다. 사람의 말이란 같은 언어라 할지라도 나라에 따라서, 말하는 사람의 톤과 억양에 따라, 지방의 사투리에 따라, 그날의 기분에 따라 다 다르다. 따라서 엄청난 분량의 인공지능 딥러닝이 있어야 제대로 인식할 수 있을 것이다. 만일 로봇의 주인과 구분할 수 없을 정도의 똑같은 음성이나 생김새를 가진 아주 나쁜 성향의 사람을 로봇이 주인으로 살못 인식힌디먼 주인으로서는 큰 재앙이 될 수 있다. 사람은 도저히 분간할 수 없을 정도로 비슷하게 생긴 쌍둥이 형제를 인공지능은 정확하게 구분할 수 있다.

다음은 동영상 인식 기술이다. 예를 들어 로봇이 주인의 행동을 유심히 관찰한 결과 주인이 매주 일요일 오전 10시경이면 커피를 마신다는 행동을 파악하게 되면 로봇은 일요일 9시 55분경 주인에게 "주인님, 지금 커피 가져다드릴까요?" 하고 물어보게 될 것이다. 음성/이미지/영상인식, 이 세 가지 기술은 최근 들어 그 발전 속도가 눈부시다.

셋째, 똑똑해진 AI 비서 기능이다.

아마존의 알렉사Amazon Alexa, 네이버의 클로버, 삼성 갤럭시의 빅스비, 구글 어시스턴트Google Assistant, 마이크로소프트의 코타나Cortana 등과 같은 AI 비서들은 앞서 설명한 음성, 이미지, 동영상 인지기술의 발전으로 최근 들어 엄청난 속도로 발전하고 있다. 개인 일정 관리, 소셜 서비스 관리, 외국어 번역, 특정 앱과 서비스 실행하기, 쇼핑하기, 이메일 관리, 메신저 관리, 음악 관리, 날씨 정보 관리, 여행정보 제공, 스포츠 경기 알림, 궁금한 것 알려주기와 잡담하기, 사물인터넷 제어 등 매우 다양한 기능을 지원하고 있다. 아마존 알렉사의 경우 한국어를 지원하고 있지는 않지만, 구글 어시스턴트는 2022년부터 한국어를 지원하여 스마트폰에 손을 댈 필요도 없이 원하는 사람에게 전화하거나 타국어로 동시통역, 말로 명령하여 원하는 자료를 검색하는 등 수많은 기능을 지원하고 있다.

국내에서도 수년 전에 음성 인식 기술 분야에서 선진화된 네이버가 '클로버'라는 앱을 출시했다. 사용자가 말로 하는 제법 많은 질문에 대해 답을 주어 매우 편리한 앱이다. 삼성 갤럭시의 빅스비, 애플의 시리와 같이 스마트폰 제조업체마다 다른 비서 앱을 가지고 있으나 네이버 클로버의 경우 스마트폰 종류에 관계없이 지원할 수 있다는 것이 강점이다.

지금은 스마트폰에 대고 말로 하거나 문서를 사진으로 찍으면 문서가 작성되고, 작성된 문서를 어여쁜 목소리로 읽어준다. 지독한 경상도 사투리도 표준말로 바꾸어 문자화해 준다. 이런 모든 문서는 별도로 저장 버튼을 누르지 않아도 클라우드에 자동 저장된다. 책 한 권 분량의 문서도 영어, 일어 등 130가지 언어로 짧은 시간 내에 번역해 준다. 그 번역의 품질도 매우 빠른 속도로 개선되고 있다. 이제 곧 국제전화에서 한국인이 한국말로 말하면 상대는 상대국의 언어로 듣게 될 것이다. 각종 다른 디바이스에서 작업된 문서는 실시간으로 모든 기기에 동기화되며 자동 저장된다. 키워드를 말로 하면 문서 제목뿐 아니라 저장된 모든 문서의 내용 전체를 훑어서 그 키워드가 있는 문서를 즉시 찾아준다. 이제는 스마트폰이 PC보다 더 똑똑해졌다. 2~3년 전과 비교도 안될 만큼 발전했다.

빌 게이츠는 "기술은 인간의 미래를 더욱 밝게 한다"라고 했고, 스티브 잡스는 "이제 기술은 우리의 일상에 녹아들었다"라고 했다. 인공지능의 3대 기술, 로봇기술의 진화, 음성/이미지/동영상 인식 기술, AI 비서의 발전은 우리의 미래를 밝게 비추고 있다. 스마트폰을 통해 더욱 스마트하고 강력한 인공지능을 경험하고, 그로부터 나온 혁신적인 서비스들로 우리의 일상을 더욱 즐겁게 만들어줄 것이다. 더 많은 가능성들이 우리를 기다리고 있다. 바로 옆에 다가와 있는 점점 더 강력해지는 AI 기술을 활용하지 않는다면 무한하게 증대될 수 있는 행복감을 놓치게 되는 것이다.

스마트폰 하나로 책과 글쓰기

　우리는 현대 기술의 발전으로 스마트폰이라는 간편한 도구를 통해 더 많은 것을 이룰 수 있게 되었다. 클라우드 저장공간, 음성 인식, 이미지 인식, 그리고 공유 기능은 우리의 생활과 업무를 혁신하고 효율화했다. 이러한 기술들은 책과 글쓰기 분야에서도 엄청난 변화를 가져왔다. 우선, 스마트폰과 클라우드 기술은 우리에게 어디서나 일할 수 있는 자유를 주었다. 클라우드 저장공간을 활용할 수 있다는 말은 이 세상 어느 곳에서나 비대면으로 스마트워킹과 협업을 할 수 있게 된다는 것을 의미한다.

　일반적으로 스마트폰을 잘 다룰 줄 모른다고 하여 붙여진 폰맹들인 시니어들에 대해서 이야기해 보자. 과거 한국의 급속한 경제 발전을 주도해 온 그들이 자신의 특이한 경험들을 자서전이나 또는 전문 서적으로 출간할 수 있다면 후세대를 위하여 얼마나 유용하게 활용될 수 있을까? 그러나 대부분의 시니어들은 그런 접근조차 시도해 보지도 않는다. 글을 쓰고 싶기는 하지만 무엇을 어떻게 써야 할지 막막하다. 독수리 타법으로 원고를 쓰는 것조차 잘 못한다. 자료를 모은다는 것이 온갖 인쇄물 형태로 가지고 있는 것이 전부이다. 자료 수집도 절대 만만한 작업이 아닌데 원하는 자료를 그 수많은 자료들 중에서 찾아낼 수도 없다. 천신만고 끝에 원고를 탈고했는데 오탈자 교정 보는 일도 보통 일이 아니다. 읽어도 읽어도 틀린 것이 발견된다.

그러니 자료 수집, 원고 작성 및 교정 작업 모두를 자신이 직접 해결하지 못하고 외부 인력을 동원하여 처리할 수밖에 없었으니 소요 시간이나 비용이 엄청났다. 시도해 볼 엄두도 내기 어렵다. 그러나 지금은 이런 모든 어려운 숙제들을 인공지능의 급속한 발전이 해결해 주었다. 이 모두를 왕초보 시니어들도 길지 않은 훈련과 고생를 통해 즉각 실행에 옮길 수 있다. 자료 수집의 경우 언제든지 어디에서든지 스마트폰에 대고 말을 하면 문자로 작성되어 자동 저장된다. 한 시간을 계속 말해도 모두 문자화된다. 이제는 독수리 타법으로 타이핑할 필요가 없다. 아이디어란 정신을 집중하고 요가를 한 다음 일상으로 돌아오면 생각나는 것이 아니다. 친구와 소주 한잔하다가, TV 보다가, 대중교통으로 이동하다가 생각난다. 그런 아이디어는 생각나는 즉시 기록해두지 않으면 잊어버리고 만다. 그런데 그런 아이디어가 책의 중요한 부분으로 작용하는 경우가 많다.

2022년 초까지만 해도 인간의 목소리만 문자화해 주었으나 이제는 녹음된 것이나 유튜브 등 기기에서 나오는 모든 디지털 소리를 문자화해 준다. 과거에 자신이 강의한 것을 녹음해 놓은 것이 있다면 모조리 문자화해 준다. 이처럼 말을 문자화하는 기술을 STT Speech to Text 기술이라고 부른다. 음성 인식도가 점점 좋아지고 있다는 것을 잊지 말라.

문자를 포함하고 있는 어떤 이미지도 찍으면 문자가 된다. 예를 들어 도서관에 가서 책을 둘러보다가 필요한 문구가 적힌 쪽을 발견하는 대로 사진 찍으면 바로 문자화되어 내 자료로 저장된다. PC에서 자료를 검색하다 보면 다운받을 수 없는 자료들이 많다. 그러나 PC 화면에 나온 이미지를 사진 찍자마자 정확하게 문자화되어 내 자료로 저장된다. 이제는 사람이 필기해 놓은 문자까지도 정확하게 문자화시켜 준다. 이런 기술은 ITT Image to Text 기술이라고 한다.

과거에는 원고 탈고 후 교정을 보려면 모두 읽어가면서 잘못된 부분을 고칠 수밖에 없었지만 이제는 앱에 원고를 옮겨놓으면 아나운서보다 더 정확한 톤과 목소리로 읽어준다. 속도까지 조절하여 처음에는 천천히 읽다가 조금 빨리 한 번 정도 더 읽어보면 교정작업이 끝난다. 예전 방식으로 읽기만 하는 기법으로는 열 번을 읽어도 틀리는 것이 발견된다. 이런 기술은 TTS Text to Speech 기술이라 부른다.

책 원고에 필요한 모든 자료를 구글 드라이브에 저장해두고 어디에서든지 구글 드라이브를 열어 원하는 키워드를 1개 이상 말로 검색창에 입력해 주면 그 키워드를 제목만이 아니라 문서의 내용 안에 키워드를 담고 있는 모든 문서를 2~3초 만에 찾아준다. PC의 탐색기에서는 키워드를 입력하여 원하는 내용을 제목에서만 찾을 수 있는데도 불구하고 찾다 찾다 못 찾는 경우도 많음을 기억하라. 나는 구글 드라이브에 수백만 장의 자료를 저장하고 있는데 드라이브 검색창에 친구 이름인 '김원섭'이라고 말로 입력하면 그 친구가 아버님 조의금, 장모님 조의금, 큰아들과 둘째 아들 결혼 축의금 얼마를 냈는지, 해당 문서들을 금방 찾아준다. 중요한 점은 그 자료들을 모두 내 처와 관련되는 아들과 공유하여 그들도 자신의 친지 이름을 말로 입력하면 나처럼 금방 결과를 찾아낸다는 것이다.

이제 공유기법에 대해 간단히 설명하고자 한다.

구글 드라이브는 한 문서에 대해 고칠 수 있는 편집자 권한, 댓글을 달 수 있는 권한, 읽기만 할 수 있는 권한을 각 100명씩, 총 300명에게 공유할 수 있다. 이 세상에 흩어져 사는 공유자들은 언제 어디서든 같은 문서를 수정하거나 댓글을 달 수 있는데 수정되는 즉시 몇 월, 며칠, 몇 시, 몇 분에 누가 어디를 어떻게 수정했는지 기록해두며 별도 저장하지 않아도 자동저장이 된다. 댓글도 마찬가지이다. 공유된 문서를 공유하고 있는 모든 사람은 언제 그 문서를 열어보든지 항상 최근 업데이트된 문서를 보게 되며 필요한 경우 과거 버전을 복원하거나 변경 내용을 추적하여 잘 못된 부분을 바로잡을 수 있다. 바로잡아 주는 경우도 자동저장된다. 과거 방식 대로라면 수백 번의 이메일 교신으로도 처리하지 못했던 일이다.

이제까지 이런 기법으로 2017년 5월부터 2023년 11월까지 총 18권의 책을 출간했는데 그중 17권을 공저했다. 대부분 2~3명이 공저했지만, 공저자들과 책과 관련하여 한 번도 만난 일 없고, 원고 자체를 메일로나 인쇄하여 발송할 필요도 없이 작업을 끝냈다. 그중 4권은 선교활동으로 아프리카 영어권 케냐, 에티오피아, 우간다에 출장 나가 있던 중 발간된 책자들이다. 바로 이 공유기법 덕분에 가능한 일이었다. 출판사 담당직원과도 모여 회의한 적이 없다. 교정 과정 모두 비대면으로 처리되었다. 그들도 놀란다.

내가 자문위원으로 있는 한국디지털문인협회 산하의 디지털책쓰기코칭협회에는 무슨 글을 어떻게 써야 하는가를 가르치는 글쓰기 코치와 능력 있는 출판사들이 함께하고 있어 책이나 글을 쓰고 싶지만 엄두도 내지 못하는 왕초보 작가들을 도와주고 있다. 특히 여기서 소개한 새로운 기술들은 엄청난 시간을 배워야만 숙달할 수 있는 기술이 아니고 카톡처럼 배워서 잘 활용하기만 하면 즉시 활용할 수 있는 기술이다.

마크 저커버그Mark Zuckerberg는 "비대면 협업과 클라우드 기술은 새로운 글쓰기의 역사를 쓰고 있다"라고 했다. 그렇다. 이제 스마트폰과 클라우드를 통해 우리는 디지털과 아날로그를 조화롭게 결합하며, 더 나은 글쓰기와 출판의 세계를 창조하고 있다. 스마트폰 하나로 책과 글쓰기가 가능해진 세상에서 우리는 더 많은 이야기를 공유하고 미래를 형상화할 수 있을 것이다. 이 기술을 통해 우리의 아이디어와 이야기가 더 많은 사람에게 도달할 것이다.

참고로 그간 작성해 놓은 관련 유튜브 동영상들과 네이버 블로그 글들을 볼 수 있도록 URL과 QR Code를 별첨한다. 내용 보기를 원하는 독자들은 PC의 인터넷에 URL을 입력하거나 스마트폰으로 QR Code를 찍으면 된다.

 블로그 https://blog.naver.com/changdongik

 유튜브 https://bit.ly/40wZLjV

스마트폰 하나로 스마트워킹

　최근 들어 더욱 더 빠른 속도로 발전하고 있는 IT기술은 우리로 하여금 스마트워킹을 위해 고가의 장비들이나 애플리케이션을 별도로 요구하지 않는다. 이제 스마트폰과 가벼운 노트북만 있으면 집에서나, 해외출장을 가서나, 산행을 하거나, 해변에 놀러 가서나, 비행기나 사막에서, 전 세계 어디에서나 업무를 할 수 있는 시대다. 스마트워킹에 대해서는 여러 가지로 정의되고 있지만, 내가 피력하고자 하는 견해는 한경경제용어사전이 잘 정의하고 있다.

　"정보통신기술을 이용해 고정된 사무실에서 벗어나 언제 어디서나 편리하게 업무를 수행하는 것을 말한다. 유연한 근무환경으로 직원들의 창의적 사고를 돕고, 업무 과정에서 발생하는 비생산적 요소를 줄이는 장점이 있다. 스마트워킹은 일하는 방식뿐만 아니라 문화와 제도 전반을 변화시켜 기업의 가치를 높이기 위한 것이다."

　스마트폰의 무료 앱, 특히 구글에서 제공하는 앱들의 기능은 매우 빠른 속도로 진화하여 과거 수천만 원, 수억 원을 들여도 그 효과를 제대로 얻어내기 어려웠던 수평적 의사 소통이나 협업 시스템을 단기간 내에 구축하여 업무생산성을 배가할 수 있도록 지원한다. 따라서 임직원들의 근로시간이 크게 줄어들게 된다. 특히 규모가 작고 인원이 많지 않은 중소기업들과, 벤처기업 및 소상공인을 위해 적용한다면 손쉽게 도입이 가능하고 스마트폰만으로 일하는 방식을 바꾸는 것만으로도 간단하게 30% 이상의 사무생산성을 높일 수 있다.

스마트워킹을 위한 선결 과제는 데이터를 클라우드로 이전시키는 일이다. 만일 독자의 업무에 필요한 데이터가 회사에 위치한 PC나 서버에 저장되어 있다면 특별한 시스템을 큰 돈을 들여 준비하지 않는 한 그 업무를 마치기 위해 그 PC나 서버가 위치한 회사에서 일해야 한다. 그러나 일단 데이터를 클라우드로 올리는 순간 언제든지Anytime, 어디에서든지 Anywhere, 어떤 디바이스로든Any device, 즉 스마트폰으로 일할 수 있는 업무 혁신 시대가 열리게 되는 것이다. 이제는 스마트폰의 기능과 앱들의 기능이 워낙 발전하여 별도의 소프트웨어나 하드웨어 없이 스마트폰만 가지고도 스마트워킹, 유연근무, 재택근무를 시행할 수 있다.

무료로 활용할 수 있는 구글 드라이브사용자 1인당 15GB까지, 구글 문서, 구글 시트, 구글 슬라이드, 구글 주소록, 구글 설문서, 구글 미트 또는 줌을 활용하여 업무에 필요한 실시간 수평적 의사소통 시스템을 구축하게 되면 모든 임직원은 각자가 필요한 데이터를 구글 드라이브에서 언제, 어디서나 스마트폰에서 볼 수 있게 된다. 과거에는 CEO나 임원이 의사결정에 특정 데이터가 필요하면 관련 담당자에게 지시하여 그들이 원하는 형태의 보고서를 작성하여 보고하도록 하거나 관련자 모두를 모아 회의를 했다. 그러나 이제는 각 담당자가 구글 드라이브에 저장된 관련 구글 문서에 새로운 내역을 기록하는 순간 공유되어 있는 모든 관련자들은 언제든지, 어디에서든 스마트폰으로 최신 자료를 확인할 수 있다. 이제는 사내 이메일 교신도 필요없는 시대이다.

예를 들어 한 영업사원이 회사로서는 매우 중요한 한 고객사를 방문하여 중요한 이슈가 요청된 회의를 마쳤다. 고객사는 "A 제품의 납품 기일을 1주일 필히 앞당겨 달라"고 한다. 과거 회의, 보고서 작성, 이메일 교신 및 출장 등의 문제 해결 방법으로는 쉽게 풀기 어려운 요구사항이다. 그 영업사원은 회의를 끝내자마자 고객사 건물 안에서 바로 자신의 스마트폰으로 클라우드에 저장된 '영업상황현황표'라는 구글 시트를 연다. 스마트폰 마이크에 대고 회의에서의 고객사 요구사항을 말로 하면 즉시 문자로 입력되고 자동으로 저장된다. 카톡에 미리 그룹핑된 '영업상황현황표'라는 카톡방에 초대되어 있는 모든 관련자에게 '중요한 이슈가 있으니 관련된 모든 사람은 곧바로 댓글을 달아주세요'라는 내용을 역시 말로 하여 카톡 메시지를 보낸다.

그 보고서와 관련되는 모든 관련자는 카톡으로 알림 메시지를 받자 마자 그들이 어디에 있든지 상관없이 실시간으로 요청 내용을 확인하고 댓글 교신을 한다. 댓글을 달기 위한 정보의 대부분도 각자의 스마트폰에서 즉시 확인할 수 있다. 관련자들이 모두 모여 대책 회의를 할 필요가 없다. 담당 영업사원은 귀사할 필요도 없이 사내 모든 관련자들이 스마트폰으로 즉시 작성한 댓글 교신만으로 고객의 요구사항을 단시간 내에 해결한다. 여러 명의 회의가 필히 필요하다면 관련자 모두가 이 세상에 어디에 있든지 상관없이 스마트폰으로 구글 미트나 줌으로 비대면 화상회의를 개최하면 된다. 고객과의 회의가 끝난 지 1시간여 만에 고객에게 답신을 준다. 과거에는 상상조차 할 수 없었던 일이다. 고객으로부터의 충성도가 높아지지 않을까?

실시간 수평적 의사소통 시스템에 구글 드라이브를 비롯한 구글 앱들을 사용하는 주요 이유는 다음과 같다. 1. 자동저장, 2. 변경 내용 추적과 과거 버전 복원 가능, 3. 키워드로 제목뿐 아니라 내용까지 훑어 단 1, 2초만에 검색, 4. 공유를 통한 실시간 의사소통, 5. 구글 독스 활용으로 1인당 15GB 저장 공간 무료 활용, 6. 설문서로 실시간 의견 수렴, 7. 비대면 화상회의, 8. 가장 우수한 번역 품질이다.

 2009년 자료이기는 하지만 한 조사기관인크루트에서 조사한 자료에 의하면 우리 기업의 직원들이 보고서 작성에 소모하는 시간이 하루에 5.2시간, 하루 10시간 근무 시간으로 봤을 때 근무 시간의 52%에 이른다고 한다. 2023년 초에 Weekly Biz에서 시행한 조사에 의하면 회사 내에서 시행되는 회의가 1주일에 3회 이상이 51%, 1회 소요 시간이 평균 30분~1시간, 회의에 대한 불만족도가 69%에 달했다. 그동안 컨설팅해 온 성공적인 기업들의 임직원들을 대상으로 보고서 작성과 회의에 소모하는 시간에 대한 설문조사를 한 적이 있었다. 회사의 업무나 성격에 따라 일부 차이는 있었지만 1인당 1일 평균 3~6시간이었다. 상위 관리직으로 올라갈수록 특히 회의에 더 많은 시간을 소모했다.

 구글 앱들을 활용한 실시간 의사소통 시스템을 잘 활용하면 보고서 작성 및 회의 시간을 90% 이상 줄일 수 있다. 일하는 방식을 바꾸어 회의와 보고서 작성을 줄여서 절감할 수 있는 시간이 1일 3시간 이상이 된다. 임직원들의 평균 연봉을 4천만 원 정도로 계산할 때 총비용을 연봉의 2배로 계산하면 1인당 연 2,243만 원가량4,000만 원X2배X3시간/한국 근로자 1일 평균 근로 시간 10.7시간을 절감할 수 있다. 사무직 10명이 근무하는 회사의 경우 연간 2.2억 원 이상의 기회비용이 추가 지불되고 있다고 보아야 한다. 나아가 MZ세대가 주축을 이루고 있는 직원들의 야근과 주말

근무를 줄여 일과 생활의 균형 문제를 해소하고 자율성을 줌으로써 얻는 생산성 증대 효과는 훨씬 더 클 것이다.

직원이 행복해야 고객을 행복하게 할 수 있고, 고객이 행복해야 이익이 많이 남아 주주를 행복하게 해줄 수 있다. 따라서 이제 기업의 모든 소속원들은 아침부터 밤 늦게까지 앞만 보고 달리는 하드워커Hard worker가 아니라 스마트워커Smart worker로 변신을 해야만 한다. 아무쪼록 이 글이 진정으로 직원이 행복한 회사가 되고 위기의 한국호가 경쟁력을 갖는 데 작은 불씨가 되기를 기대해 본다.

챗봇 활용하여 책과 글쓰기

2022년부터 대규모 언어 모델LLM:Large Language Model에 기반한 챗GPTChatGPT에 이어 구글 바드Bard와 뤼튼WRTN 등 챗봇이 소개되기 시작했다. 챗GPT는 GPT 3.5와 4.0을 기반으로 하는 언어모델 기반 대화형 인공지능 서비스이다. LLM은 방대한 양의 텍스트 및 코드 데이터 세트에서 훈련되는 유형의 인공지능을 말한다. GPT는 영문 직역 그대로 의미를 따라가자면 '미리 학습Pre-trained'해서 문장을 '생성Generative' 할 수 있는 인공지능 모델이라는 뜻이다. 이를 통해 텍스트를 생성하고, 언어를 번역하고, 다양한 종류의 창의적인 콘텐츠를 작성하고, 사용자의 질문챗봇에서는 '프롬프트'라고 말한다에 포괄적이고 유익한 방식으로 답변해 준다.

나는 2022년 11월에 처음으로 챗GPT가 쓴 시를 읽고 놀라지 않을 수 없었다. '어떻게 인공지능이 그렇게 멋진 시를 쓸 수가 있지?' 한 달여 미국 여행을 다녀와서는 바로 대규모 언어모델과 챗GPT에 대해 공부하기 시작했다. 2023년 3월에는 챗GPT를 카톡에서 활용할 수 있도록 개발한 아숙업Askup과 챗지를 접하게 되었다. 인공지능이 시, 수필, 소설을 쓰고 한참을 검색해야 겨우 찾아낼 수 있는 내용들을 순식간에 찾아 취합하여 글을 써주는 것이다.

구글 바드Bard가 아직은 개발 중에 있는 실험 버전이지만 영어 버전에 이어 2023년 5월에 한글과 일본어 버전을 출시했다. 구글 바드와 챗GPT는 2023년에 사용할 수 있는 가장 주목받는 인공지능AI 챗봇이다. 개발기간이나 출시 시점을 고려했을 때 기술적으로는 아직 바드가 챗GPT에 비해 여러 가지 점에서 뒤떨어진다. 앞으로도 지속적으로 소개될 두 제품의 발전 추이를 지켜보아야겠지만 당장은 하기 4가지 측면에서 볼 때 바드가 한국 사용자들에게 보다 친숙하게 다가갈 수 있을 것으로 판단된다.

1. 구글이 그동안 한국 시장에서 검색엔진으로서의 역할을 충실하게 해 온 점을 감안하면 한국적인 현실을 보다 잘 반영할 수 있다.
2. 한글 번역의 측면에서도 챗GPT를 능가하는 것으로 판단된다.
3. 챗GPT 3.5의 경우 무료도 제공되고 있지만 여러 가지 제약 요소가 많아 4.0 버전을 활용하기 위해 매월 20달러가 부과되는 유료로 사용하는 것이 안전한 반면, 바드는 앞으로도 무료로 제공될 확률이 많아 유리한 고지를 점할 수도 있다.
4. 챗GPT는 2022년 2월 이전까지의 데이터를 기초하고 있으나 바드는 최근 데이터까지도 모두 검색하여 답신을 준다.

챗GPT나 바드 모두 훌륭한 답을 얻기 위해서는 프롬프트를 제대로 작성해야 하는 것이 가장 중요한 과제이다. 챗GPT나 구글 바드에 대한 프롬프트를 작성할 때는 플랫폼의 대화 및 상호 작용 특성을 염두에 두는 것이 중요하다. 다음은 좋은 프롬프트를 작성하는 방법에 대한 몇 가지 팁이다.

1. 대화식으로 유지: 형식적인 학업 프롬프트가 아니라 친구와의 대화처럼 들리는 프롬프트를 작성한다. 이것은 사용자가 응답하도록 원하는 보다 매력적이고 접근하기 쉬운 어조를 만드는 데 도움이 될 수 있다. 활성 동사를 사용해야 한다. 예를 들자면, "디지털 문학의 미래"라는 것보다 "디지털 문학의 미래가 어때"라고 작성하는 것이 좋다.
2. 단순하고도 구체적으로: 이해하고 응답하기 쉬운 명확하고 구체적인 프롬프트를 제공하라. 간단한 언어를 사용하고 전문 용어나 복잡한 문장 구조를 피하는 것이 좋다. 예를 들어 "아버지의 사랑에 대한 시 써봐" '아버지'에 '사랑'이라는 구체적 표현을 추가했고, '시'를 써달라고 요청을 명확하게 제시했다.
3. 개방적이어야 한다. 예, 아니오로만 응답해야 하는 폐쇄형 질문을 피하라. 사용자가 비판적으로 생각할 수 있도록 보다 자세한 응답을 제공하는 프롬프트를 제공하라.
4. 컨텍스트상황정보 사용: 챗GPT는 컨텍스트를 사용하여 응답을 생성하므로 챗GPT가 질문이나 주제를 이해하는 데 도움이 되는 컨텍스트를 제공하라. 여기에는 배경 정보, 예제 또는 기타 관련 세부 정보가 포함될 수 있다. 예를 들어 자기소개서를 작성해달라고 요청할 때 자신의 학력, 경력, 관심사, 취미, 특기와 어떤 회사에 입사를 원하는지, 어떤 업무를 원하는지 등 자세한 배경 정보를 제공해 주어야 한다.
5. 프롬프트 테스트와 인내심 필요: 챗GPT로 프롬프트를 사용하기 전에 원하는 응답이 생성되는지 테스트하라. 이를 통해 프롬프트를

수정하고 시간이 지남에 따라 효율성을 개선할 수 있다. 챗GPT가 프롬프트에 대한 응답을 생성하는 데 약간의 시간이 필요할 수 있다. 인내심을 갖고 사려 깊은 응답을 처리하고 생성할 시간을 주라.

이러한 팁을 따르면 매력적이고 접근하기 쉬우며 상호작용이 가능한 챗봇용 프롬프트를 생성하고 사용자가 AI와 의미 있는 대화를 나누도록 장려할 수 있다.

전문 서적을 쓰고자 하는 사용자는 2022년 2월 이후의 데이터도 중요하기 때문에 바드를 사용하는 것이 보다 나은 것으로 판단된다. 그러나 시, 수필, 소설 등 글을 쓰는 사용자들, 특히 2022년 2월 이후의 데이터를 기반으로 하지 않아도 되는 경우 바드보다는 챗GPT를 활용하기를 권한다.

소설의 경우 예를 들어 '다음의 시나리오로 소설 써줘. 1. 주인공 김영호는 가상현실 게임 판타지 세계에서 클레어를 만난다. 2. 클레어의 뜻밖의 공격에 정신 없이 당하는 도중, 3. 김영호의 체력이 바닥을 드러냈을 때 잘생긴 여마법사가 등장하여 김영호를 도와준다'라는 프롬프트를 주면 그에 따른 훌륭한 소설 문장을 제시해 준다. 만족할 만한 문장이 나올 때까지 '다시 써줘'라는 프롬프트를 주거나, 새로운 답신 중 일부 한 문단을 복사하여 '다음 내용에 대한 상세한 내용을 써줘'라는 프롬프트를 보낸다든지, '다음은 어떻게 전개하면 되지'라는 프롬프트를 주면 계속 그에 따른 글을 제시해 준다.

수필의 경우 사용자가 직접 한 편의 수필 원고를 작성한 다음 '다음 수필을 읽고 내용과 관련되는 시나 유명 인사의 명언 또는 수필들을 인용하여 독자들에게 형상화와 의미화를 전달하는 훌륭한 수필로 완성해 줘. 제목:' 이라고 입력하고 그 뒷부분에 제목을 포함한 수필 원고를 모두 복사하여 붙여넣기한 프롬프트를 보내면 일반적인 글을 형상화하고 의미화하여 멋진 글을 제시해 준다. 여러 번에 걸친 시도에서 좋은 글들을 인용하면 자신의 글의 품질을 보다 올릴 수 있다. 프롬프트는 길어도 상관없다.

　이와 같이 챗봇은 대화형이라는 것을 잘 이해할 필요가 있다. 챗봇은 사용자가 앞에서 제시한 프롬프트들과 그에 따른 답신들에 기반하여 추가되는 프롬프트에 대한 답신을 준다. 따라서 점차 사용자가 원하는 글에 근접하는 답신을 주게 되는 것이다.

왕초보 첫 공저

2019년 1월에 공직자 전문성제고 저서갖기운동본부약칭 '공저본' 주관으로 시행된 스마트워킹 강사 및 코치 기본 과정매주 1회 4시간 4회차, 총 16시간 1기생 20명에 대한 강의가 시작되었다. 수강생 중 공저본을 이끌던 박승주 이사장이 1월 말 하루 쉬는 시간에 강사인 내게 다가와서 "3·1운동 100주년을 맞이하여 삼일절에 맞추어 수강생들이 기념책자를 낼 수 있도록 도와달라"고 부탁하는 것이다. '왕초보들이 단 1개월여 만에 책을 낸다니' 하고 큰 의구심을 가졌지만, 명확한 목적을 가지고 열심히 노력하면 시간은 더 걸릴 수 있겠지만 교육 효과를 크게 증진할 수 있을 것으로 판단하고 즉시 공감을 표시했다. 그해 3월 말에 책을 출판하고 출판기념회를 가졌다. 놀라운 일이 발생한 것이다. 16시간의 전문가 과정을 배운 20명 중 자원자 15명이 공저한 책이다.

2019년 1월 9일 설립된 공저본은 입법부, 사법부, 행정부, 교육계, 지방자치단체, 공기업 등 대한민국 60만 공직자를 대상으로 각자의 전문성 제고를 위한 저서 발간 캠페인과 쉽게 저서를 발간하는 방법을 교육하기 위한 조직이다. 세계적인 지식과 지성이 대한민국 공직에 접목되어 정책으로 제시되도록 지원하는 한편, 세계적인 시대적 흐름인 인공지능과 클라우드 기반의 스마트워킹Smart Working으로 일하는 방식의 혁명을 촉진하여 대한민국이 세계 주도 국가로서 도약하는 데 기여함을 목적으로 하고 있다.

일제강점기에서부터 현재에 이르기까지 대한민국을 위해 힘써온 많은 한국 사람이 있지만, 그에 못지않게 우리나라를 위해 인생을 바친 많은 외국인이 있다는 사실은 흔히들 간과하고 있다. 학교와 병원을 짓고, 신문을 창간하고. 나라의 계몽운동에 일조한 사람들이다. 그런데 이들에 대해 책으로 엮어낸 적이 없었다. 외국인들의 은혜를 잊지 말자는 뜻에서 3·1운동 100주년에 대표적인 외국인 16인의 행적을 소개해 공적을 기릴 수 있도록 하는 책이다.

대한민국 국민조차도 힘들어했던 독립운동에 앞장선 '프랭크 윌리엄 스코필드'와 '호머 베자릴 헐버트', 대한매일신보사를 창간한 '어니스트 토마스 베델', 학교를 세운 '호레이스 그랜트 언더우드'와 '헨리 거하드 아펜젤러', 병원 건축에 초석이 되어 준 '루이스 헨리 세브란스', 제주도를 사랑한 '패트릭 제임스 맥그린치', 한센병 환자에게 큰 힘이 되어 준 '마리안느'와 '마가렛', 한국을 너무나도 사랑했던 '엘리자베스 요한나 쉐핑', '아사카와 다쿠미', '필 사이든스트리커 벅', '메리 플레처 스크랜튼', '소다 가이치', '이자스민', 대한민국 축구의 전설이 된 '거스 히딩크' 등 100년 동안 우리 민족과 동고동락해 온 외국인 16인을 소개하고 있다.

이 책은 정부로부터 공로상도 받았고, 모든 공공기관 및 학교 도서관에 비치되어 있다. 이 책을 통해 16인의 외국인을 기릴 수 있는 계기가 되는 한편 다문화사회의 250만 체류 주한 외국인 및 다문화 가정과 함께 평화로운 삶의 공동체를 지향하고 실현하는 나침반이 될 것이다.

이처럼 왕초보들이 단기간에 책자를 출간하는 방법은 간단하다.

1. 공저자 중 한 관리자가 구글 드라이브에 책 제목을 입력한 폴더를 만들어 공저자 모두에게 각자의 G메일 주소를 활용하여 '편집자' 권한으로 그 폴더를 공유한 다음 카톡으로 그 사실을 모든 공저자에게 알린다.
2. 각 공저자는 구글 드라이브에서 '공유 문서함'에 있는 공유된 폴더를 '내 드라이브'로 이동한다.
3. 공유받은 공저자들은 각자의 구글 드라이브 설정에서 '업로드 항목을 Google Docs 형식으로 변환'을 선택한다. 그러면 PC에서 워드로 작업한 문서를 구글 드라이브로 업로드할 때 구글 문서Docs로 자동변환되어 자동저장된다.
4. 구글 문서 작성에 숙달된 공저자는 '내 드라이브'에서 구글 문서로 바로 자신의 원고를 작성하고 일단 초고가 완성되면 그 원고를 공유된 폴더로 이동시킨다. 이동하는 즉시 그 폴더가 공유된 모든 공저자가 그때부터 그 원고의 최신본을 확인할 수 있다.
5. 만일 구글 문서 작성이 쉽지 않다고 느끼는 공저자는 자신이 잘 사용할 수 있는 워드나 아래한글로 원고를 작성한다. 초고가 완성되면 그 문서를 구글 드라이브의 공유된 폴더에 업로드한다. 업로드하는 즉시 워드는 자동으로 구글 문서로 변환되어 저장된다. 아래한글의 경우는 자동변환이 되지 않기 때문에 원고 전체 내용을 선택하여 복사한 다음 공유 폴더를 연 상태에서 새 구글 문서를 열고 그 안에 붙여넣기 한다. 바로 글 제목을 입력해 주기만 하면 그 문서가 저장되면서 공저자 모두가 그 원고를 확인할 수 있게 된다.
6. 일단 각 공저자들이 자신의 원고를 공유폴더에 저장하는 순간 모든

공저자는 그 즉시 그 원고에 댓글을 달거나 수정할 수 있는데 실제 다른 공저자의 글을 수정하는 것은 바람직하지 않고 대신 수정이 필요하다고 생각하는 부분에 댓글을 달아주면 저자가 보고 판단하여 직접 고치는 것이 효과적이다.
7. 원고 마감일이 되면 출판사는 모든 원고를 취합하여 책자로 편집한 다음, 최종 교정을 위한 별도의 공유폴더를 작성하여 편집이 된 PDF 파일을 업로드해 준다. 각 공저자의 원고 수정 내용에 따라 지속적으로 편집의 틀을 바꿀 수 없기 때문에 이때는 구글 문서로 공유하지 않고 PDF 파일을 공유한다는 점을 이해하기 바란다. 그러면 각 공저자는 공유받은 새로운 폴더를 자신의 '내 드라이브'로 이동시킨 다음 최종 편집용 PDF 파일에 댓글을 다는 형태로 1~2번에 걸친 최종 교정 작업을 진행하게 되면 바로 인쇄에 들어갈 수 있게 된다.

따라서 공저의 제목이 일단 정해지고, 공저자 중 관리자가 선정이 되고, 공저자들을 위한 공유폴더만 만들어지면 공저자들간에 서로 만나거나 이메일을 교신하면서 원고를 수정할 필요가 전혀 없다. 제목이 정해진 후 2개월 내에 출판할 수 있다.

공저한 18권 중 5권 역시 국내 유명 작가 22인 내지 74명이 이런 기술을 활용하여 한 번도 대면회의를 한 일 없이 기획에서 출판까지 2개월 내에 마쳤다. 이와 같은 방법으로 전문 코치로부터 일부 코칭을 받아 단기간 내에 개인적으로 자서전을 낸 사례는 무척이나 많아졌다.

나는 대부도가 좋다

ⓒ장동익

초 판 1쇄 발행 2024년 2월 15일

지은이 장동익
펴낸이 정선모
디자인 가보경 이소윤

펴낸곳 도서출판 SUN
출판등록 제25100-2016-000022호
주 소 서울시 노원구 덕릉로 94길 21. 205-102
mobile 010. 5213. 0476
e-mail 44jsm@hanmail.net

ISBN 979-11-88270-70-5
값 17,000원

• 잘못된 책은 바꿔 드립니다.
• 이 책의 전부 또는 일부 내용을 재사용하려면 사전에 저작권자와 도서출판 SUN의 동의를 받아야 합니다.
• 이미지 출처: Freepik(designed by rawpixel.com – Freepik.com)